Noel M. Morris

Einführung in die Digitaltechnik

Mit 112 Abbildungen

Vieweg

Titel der englischen Originalausgabe:
Digital Electronic Circuits and Systems

Copyright © *Noel M. Morris* 1974

Published 1974 by THE MACMILLAN PRESS LTD
London and Basingstoke

Herausgegeben von *Noel M. Morris*
übersetzt und bearbeitet von *N. Hojka*

CIP-Kurztitelaufnahme der Deutschen Bibliothek

Morris, Noel M.
Einführung in die Digitaltechnik. – 1. Aufl. –
Braunschweig: Vieweg, 1977.
    Einheitssacht.: Digital electronic circuits and
    systems ⟨dt.⟩

1977

© der deutschen Ausgabe Friedr. Vieweg & Sohn Verlagsgesellschaft mbH, Braunschweig, 1977
Alle Rechte an der deutschen Ausgabe vorbehalten

Satz: Friedr. Vieweg & Sohn, Braunschweig
Buchbinder: W. Langelüddecke, Braunschweig
Umschlaggestaltung: Peter Kohlhase, Lübeck
ISBN-13: 978-3-528-03028-5   e-ISBN-13: 978-3-322-84322-7
DOI: 10.1007/978-3-322-84322-7

Vorwort

Der technologische Fortschritt war nirgends so groß wie auf den Gebieten der Elektronik, der Elektrotechnik und der Steuerungstechnik. Die *Macmillan-Basis-Books-in-Electronics* haben Spezialisten auf diesen Gebieten als Autoren, deren Arbeit es ihnen erlaubt, die technologischen Entwicklungen präzis in den Mittelpunkt zu stellen.

Jedes Buch dieser Serie beschäftigt sich mit einem Gebiet, so daß gleichermaßen Studenten, Techniker und Ingenieure die für sie wichtige Information herausfinden können. Die Bücher sind sorgfältig geschrieben und herausgegeben, so daß jedes zum Selbststudium geeignet ist; dadurch sind sie nicht nur für Anfänger auf diesen Gebieten besonders interessant, sondern auch für bereits vorgebildete Leser, die ihre Kenntnisse auffrischen und auf den neuesten Stand bringen wollen.

Noel M. Morris

Einleitung

Die Entwicklung der digitalen Elektronik hat besonders seit der Einführung der großintegrierten Schaltungen zur weitverbreiteten Anwendung digitaler Systeme auf fast allen Gebieten des Lebens geführt. Dieses Buch bietet einen Überblick von Aspekten der digitalen Elektronik, beginnend bei einfachen Gattern und logischer Algebra bis zu ausgeklügelten Systemen.

Der Leser kann seine Studien vertrauensvoll mit diesem Buch beginnen, da es sich sowohl mit der prinzipiellen Arbeitsweise logischer Gatter als auch der logischen Funktionen beschäftigt. Boolesche Algebra und Karnaugh-Diagramm-Methoden werden als Entwurfshilfsmittel eingeführt, so daß der Leser die Entwurfkonzepte komplexerer Systeme verstehen kann.

In diesem Buch sind alle wichtigen Facetten logischer Systeme, wie etwa Logikfamilien, integrierte Schaltungen, Feldeffektgatter, arithmetische Operationen und elektronische Zähler eingeschlossen. Den Abschluß des Buches bildet ein Kapitel über Anwendung logischer Schaltungen, das viele bekannte Schaltungen kommerzieller und professioneller Geräte erläutert. Die Elektronikindustrie hat mich freundlicherweise mit wertvoller Information über die im Buch beschriebenen Schaltungen und Systeme versorgt und ich möchte meinen Dank für die gewährte Hilfe hier festhalten. Abschließend möchte ich sagen, daß dieses Buch ohne die Hilfe, die Geduld und das Verständnis meiner Gattin und Familie nie geschrieben hätte werden können.

Noel M. Morris
Meir Heath

Inhaltsverzeichnis

1. Was ist Logik?

1.1. Gatter

Der Begriff „Elektronische Logik" umfaßt das ganze Gebiet der Elektronik von Computern bis zu Autos und von Telefonverbindungen bis zu Spielzeugen. „Logische" Geräte dienen den Menschen in allen Bereichen des Lebens als Gerät oder System, das in einer vorhersehbaren Art und Weise reagiert. Tatsächlich ist das Arbeiten dieser Schaltwerke so vorhersehbar, daß wir eine Form der *logischen Algebra* verwenden können, um zu bestimmen, wie sie arbeiten. Diese Art der Algebra wird noch Reverend *G. Boole* (1815–64), der die grundlegenden Regeln festgesetzt hat, als *Boolesche* Algebra bezeichnet. Mathematiker haben sie später in die *Mengenlehre* eingebaut.

Die grundlegenden Regeln dieser Algebra sind recht einfach und, wenn man sie einmal verstanden hat, relativ einfach anzuwenden. Schaltelemente, die man in logischen Netzwerken verwendet, kontrollieren den *Informationsfluß* durch das System und werden aus diesem Grund als *logische Gatter* bezeichnet, da diese Gatter durch eine Folge von Ereignissen an ihren Eingängen geöffnet und geschlossen werden. Die elementaren Gatter sind unter den Namen UND, ODER, NOT (NEGATION), NOR und NAND bekannt und werden in den folgenden Kapiteln detailliert beschrieben.

Die Arbeitsweise jedes Gatters oder Systems wird durch einen Ausdruck der logischen Algebra bestimmt. Dieser logische Ausdruck kann nach den Regeln der Booleschen Algebra umgeformt werden. Auf diese Weise sehen wir, daß die Boolesche Algebra eine Möglichkeit bietet, die Arbeitsweise eines logischen Netzwerkes oder einer logischen Schaltung in der Form von „Gleichungen" festzulegen.

Viele Anwendungen logischer Netzwerke – z. B. Zählen und andere arithmetische Prozesse – erfordern die Anwendung von *Speicherelementen*, die Information speichern können. Speicherelemente erhält man durch Zusammenschalten einiger Grundgatter in der Weise, daß die Schaltung die ursprünglichen Eingabedaten erhält, auch wenn das Eingangssignal entfernt wird. Die im Speicher enthaltene Information kann durch weitere Steuersignale geändert oder erneuert werden.

1.2. Logische Signalpegel

In der logischen Algebra hat jedes Problem eine genau bestimmte Lösung, so daß alle Fragen eine *Ja-* oder *Nein*-Antwort besitzen, d. h. die Lösung ist entweder *wahr* oder *falsch*. Wir beschäftigen und also mit einem binären oder zweiwertigen System.

Digitale elektronische Schaltungen haben festgelegte Spannungspegel, die den Zuständen *Wahr* und *Falsch* entsprechen. Betrachten wir z. B. einen elektronischen Schalter, der mit + 5 V versorgt wird. In Abhängigkeit von der Belastung kann ein Ausgangszustand *Wahr* durch eine Spannung im Bereich von + 3 bis + 5 V und der Ausgangszustand *Falsch* durch einen Spannungsbereich von 0 bis + 0,5 V repräsentiert werden. In der als *positive Logik* bekannten Notation wird der Spannungsbereich von 3 bis 5 V als

logisch *1* und der Spannungsbereich von 0 bis 0,5 V als logisch *0* bezeichnet; d. h.
logisch *1* ist die Antwort *Wahr* und logisch *0* ist die Antwort *Falsch*.

Manchmal wird eine andere Notation, die sogenannte *negative Logik* verwendet, in der
der 3 bis 5 V-Bereich als logisch *0* und der 0 bis 0,5 V-Bereich als logisch *1* bezeichnet
wird.

Im Zusammenhang mit logischen Schaltungen wird meist die positive Logik verwendet.
Ausnahmen werden im Text jeweils gesondert erwähnt.

2. Logische Grundfunktionen

Um die Arbeitsweise der im 1. Kapitel erwähnten logischen Schaltungen zu erklären,
wollen wir die Funktionsweise eines hypothetischen Münzautomaten betrachten.

Wir wollen annehmen, daß unsere Maschine ein Getränk ausschenkt, wenn man ein
1-DM- oder ein 50-Pf-Stück in einen Münzschlitz wirft. Das Getränk soll 50 Pf kosten,
so daß die Maschine 50 Pf zurückgibt, wenn man 1 DM einwirft. Wenn kein 50-Pf-Stück
in der Maschine mehr verfügbar ist, soll ein Signal NUR 50 Pf EINWERFEN aufleuchten.
In den folgenden Abschnitten werden wir sehen, wie die Funktionen dieses Münzautomaten durch logische Gatter ausgeführt werden können.

2.1. Die UND-Funktion

In diesem Abschnitt wollen wir den Schaltkreis betrachten, der die Freigabe der 50-Pf-
Wechselgeldstücke bewirkt. Bevor wir ein 1-DM-Stück einwerfen, müssen wir beachten,
daß das Signal NUR 50 Pf EINWERFEN nicht leuchtet, woraus folgt, daß mindestens ein
50-Pf-Stück in der Maschine enthalten ist. Wenn also ein 1-DM-Stück eingeworfen und
das NUR 50 Pf EINWERFEN-Signal nicht brennt, dann wird der Münzfreigabeschalt-
kreis aktiviert. Wenn wir dem Ausgang des 1-DM-Stückdetektors das Symbol T, dem
Ausgang des Sensors für 50-Pf-Wechselgeld in der Maschine das Symbol C und das
Symbol X dem Ausgang des logischen Gatters, das den Freigabemechanismus auslöst,
zuordnen, so gilt

$$X = T \text{ UND } C = T \cdot C$$

Das Punkt-($\cdot$)-Symbol wird in logischen Gleichungen für die logische UND-Funktion verwendet.

Der Detektor T liefert ein logisches *1*-Signal am Ausgang, wenn ein 1-DM-Stück eingeworfen wird und ein logisches *0*-Signal, wenn nicht. Ähnlich ist der Ausgang des Sensors C gleich *1*, wenn eine 50-Pf-Münze in der Maschine enthalten ist und gleich *0*
wenn nicht. Daher X = *1* (d. h. ein 50-Pf-Stück wird freigegeben), wenn T = *1* und

$C = 1$. Wenn entweder $T = 0$ oder $C = 0$, dann gilt $X = 0$ und der Wechselgeld-Freigabe-mechanismus ist blockiert.

Wenn wir alle Arbeitsmöglichkeiten des UND-Gatters im Zusammenhang mit dem Wechselgeldmechanismus anschreiben, erhalten wir eine sogenannte *Wahrheitstabelle*, die in Tabelle 2.1 für ein UND-Gatter mit 2 Eingängen angegeben ist.

Tabelle 2.1. Wahrheitstabelle für ein UND-Gatter mit 2 Eingängen

| Eingänge | | Ausgang |
T	C	$X = T \cdot C$
0	0	0
0	1	0
1	0	0
1	1	1

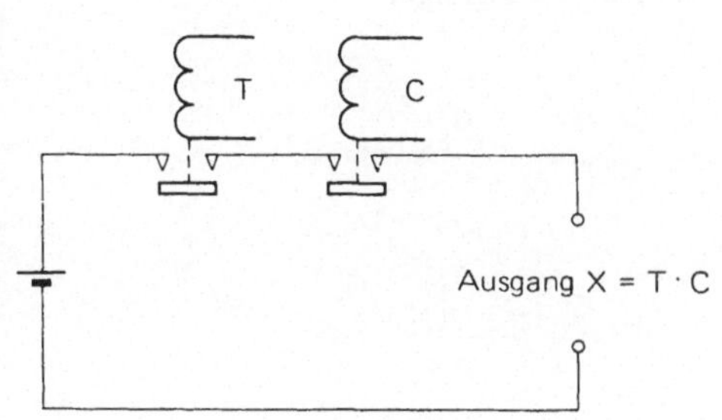

Abb. 2.1. Logisches UND-Gatter

Abb. 2.1 zeigt ein Relaisnetzwerk, das diese UND-Funktion erfüllt. Die Signale T und C werden von den oben beschriebenen Sensoren abgeleitet und der Ausgang X wird dazu ver-wendet, den Münzfreigabe-Mechanismus mit Spannung zu versorgen. Wenn in unserem Relaisnetzwerk entweder das Signal T oder das Signal C logisch 0 ist, dann sind die entsprechenden Relaiskontakte offen und die Ausgangsspannung des Netzwerkes ist Null. Wenn $T = C = 1$, also beide Kontakte geschlossen sind, liegt die gesamte Spannung (logisch 1) am Ausgang. Eine Reihe von Symbolen wird verwendet, um das UND-Gatter zu symbolisieren; zwei gängige Versionen zeigt Abb. 2.1.

In einem komplexen System können UND-Gatter eine große Anzahl von Eingängen be-sitzen, z. B. n. Wenn man den Ausgang dieses Schaltkreises mit F bezeichnet, sieht die logische Gleichung, die das Verhalten des Gatters beschreibt, folgendermaßen aus:

$$F = A_1 \cdot A_2 \cdot \ldots A_n.$$

Das entspricht einer Relaisschaltung von n Relais in Serie, jedes mit einem Arbeitskon-takt, der bei stromlosem Relais offen ist und jedes Relais wird von einem der Eingangs-signale angesteuert.

2.2. Die ODER-Funktion

Bei der Angabe unseres Münzautomaten haben wir festgelegt, daß ein Getränk vorbereitet wird, wenn entweder eine 1-DM-Münze oder eine 50-Pf-Münze eingeworfen wird. Wenn wir dem Sensor für 50-Pf-Stücke das Symbol F zuordnen und wie vorher, der Sensor T auf 1-DM-Stücke anspricht und wenn wir weiter das Symbol Y für den Ausgang des Gatters verwenden, dann gilt

$$Y = F \text{ ODER } T = F + T$$

Das Plus-(+)-Symbol wird in diesem Buch verwendet, um die logische ODER-Funktion darzustellen. Dieses Symbol sollte nicht mit dem arithmetischen Additionssymbol verwechselt werden; der Unterschied zwischen den beiden Symbolen wird später in diesem Kapitel erläutert werden. Manchmal wird ein anderes Symbol für die ODER-Funktion verwendet, ein kleines „v", d. h. $Y = F \text{ v } T$. Die Wahrheitstabelle für die oben beschriebene ODER-Funktion zeigt Tabelle 2.2.

Tabelle 2.2. Wahrheitstabelle für ein ODER-Gatter mit 2 Eingängen

| Eingänge | | Ausgang |
F	T	$Y = F + T$
0	0	0
0	1	1
1	0	1
1	1	1

Aus der Wahrheitstabelle ersehen wir, daß der Ausgang des Gatters 1 ist, wenn eines der beiden Eingangssignale 1 ist. Eine interesannte Situation entsteht, wenn wir eine 50-Pf- und eine 1-DM-Münze gleichzeitig einwerfen (angenommen, daß dies möglich ist), da der Automat beide Münzen annimmt, aber nur 1 Getränk ausgibt! Diese Situation zeigt die letzte Zeile der Wahrheitstabelle, in der das Ausgangssignal des Gatters 1 ist, wenn beide Eingänge aktiv sind. D. h. die logische Aussage $1 + 1 = 1$ ist richtig; sie darf nicht mit der arithmetischen Addition verwechselt werden.

Ebenso ersieht man aus der Wahrheitstabelle, daß der Ausgang des Gatters 0 ist, wenn beide Eingänge 0 sind, d. h. wenn keine Münzen eingeworfen werden.

Logisch 1 vom Ausgang des ODER-Gatters aktiviert den Verkaufsmechanismus, der das Getränk ausgibt.

Abb. 2.2 zeigt ein Relais-Netzwerk, das die ODER-Funktion erfüllt. In diesem Fall liegt am Ausgang die volle Spannung, wenn entweder F oder T oder beide Eingangssignale 1 sind. Diese Schaltung wird manchmal als *inklusives* ODER-Gatter bezeichnet, da sie am Ausgang 1 liefert, wenn F und T zugleich 1 sind. Im Verlauf dieses Buches werden wir uns noch mit einem anderen Gattertyp beschäftigen, der unter dem Namen *exklusives* ODER-Gatter bekannt ist. Dieses Gatter liefert am Ausgang logisch 0, wenn beide Eingänge mit logisch 1 Signalen betrieben werden.

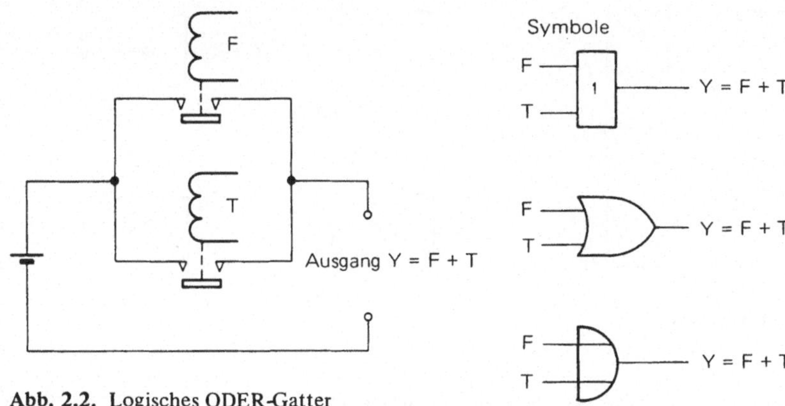

Abb. 2.2. Logisches ODER-Gatter

Manche Schaltungen verlangen ODER-Gatter mit mehreren Eingängen. Bei n Eingängen ergibt sich der logische Ausgang F aus der Gleichung

$$F = A_1 + A_2 + \ldots + A_n.$$

Das entspricht einem Relaisnetzwerk mit n parallel geschalteten Relais mit Arbeitskontakten, wobei jedes Relais von einem Eingangssignal angesteuert wird.

2.3. Die NOT-Funktion (NEGATION)

Bei der Behandlung der Signalpegel, die in logischen Schaltungen auftreten, haben wir gesehen, daß nur 2 stationäre Zustände auftreten können, nämlich logisch *1* und logisch *0*.

Wenn der Ausgang eines logischen Gatters *1* ist, dann ist er klarerweise nicht *0*. Wenn andererseits der Ausgang *0* ist, ist er nicht *1*. D. h. ein Gatter, das die NOT-Funktion realisiert, liefert *0* am Ausgang, wenn der Eingang *1* ist, und umgekehrt. Den Vorgang der logischen Inversion oder Komplementierung (also die NOT-Funktion) einer Funktion wird durch einen Querstrich über der Funktion angezeigt. Das wird unten für die Funktion C gezeigt.

$$\text{NOT } C = \overline{C}$$

Die Wahrheitstabelle dieser Funktion zeigt Tabelle 2.3.

Tabelle 2.3. Wahrheitstabelle für ein NOT-Gatter

Eingang C	Ausgang $\overline{C}$
0	1
1	0

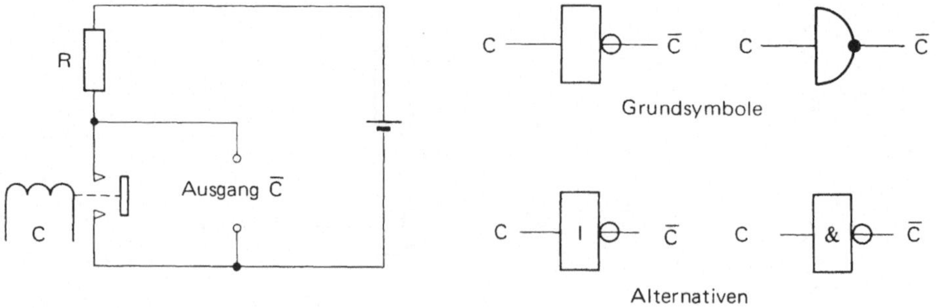

Abb. 2.3. Logisches NOT-Gatter

Wir werden jetzt sehen, wie man ein NOT-Gatter im Wechselgeldteil unseres Verkaufs-
automaten verwenden kann. In der ursprünglichen Festlegung unserer Maschine haben
wir gesagt, daß das Signal NUR 50 Pf EINWERFEN aufleuchten soll, wenn kein 50-Pf-
Stück in der Maschine verfügbar ist. D. h. wir können die Lampe vom Ausgang eines
NOT-Gatters betreiben, dessen Eingang vom Sensor C angesteuert wird. Der Leser wird
sich erinnern, daß der Sensor C das Vorhandensein von Münzen im Wechselgeldspeicher
des Automaten anzeigt.

Wenn also kein Wechselgeld in der Maschine ist, ist der Ausgang des Sensors C gleich 0,
so daß $\overline{C} = 1$ und die Wechselgeld-Warnlampe leuchtet. Wenn der Sensor C ein 50-Pf-
Stück im Automaten erkennt, ist der Ausgang des Sensors $C = 1$, so daß $\overline{C} = 0$ und die
Warnlampe verlischt.

Eine Form eines Relais-NOT-Gatters zeigt Abb. 2.3. Wenn $C = 0$, ist das Relais strom-
los und man sagt die Ausgangspannung ist *HIGH*, d. h. $\overline{C} = 1$. Wenn $C = 1$, zieht das
Relais an und die Ausgänge sind kurzgeschlossen, so daß $\overline{C} = 0$. Der Widerstand R im
Schaltkreis begrenzt den Strom aus der Batterie, wenn die Relaiskontakte geschlossen
sind.

2.4. Vollständiger Münzschaltkreis des Getränkeautomaten

Abb. 2.4 zeigt das vollständige Blockdiagramm des Münzenteiles unseres Getränkeauto-
maten. Die Eingänge F und T werden durch den Einwurf einer Münze in den jeweiligen
Schlitz der Maschine aktiviert und das Signal C wird durch die Anwesenheit eines 50-Pf-
Stückes in der Maschine erzeugt.

Bei einem Blockdiagramm zeichnen wir nur die Verbindungen des Informationsflusses.
Verbindungen, die die Spannungsversorgung betreffen, z. B. Netzanschluß, Vorspan-
nungserzeugung, Erdung etc. werden nicht gezeichnet.

2.5. Negierte Eingänge

Manche Schaltkreise haben ein eingebautes NOT-Gatter in Verbindung mit bestimmten
Eingängen. In Abb. 2.5(a) ist dies der Eingang C. Diese negierten Eingänge werden durch
einen Kreis gekennzeichnet (Abb. 2.5(b)). Eine Schaltung, die ein solches Symbol verwendet, wird in Kapitel 13 beschrieben.

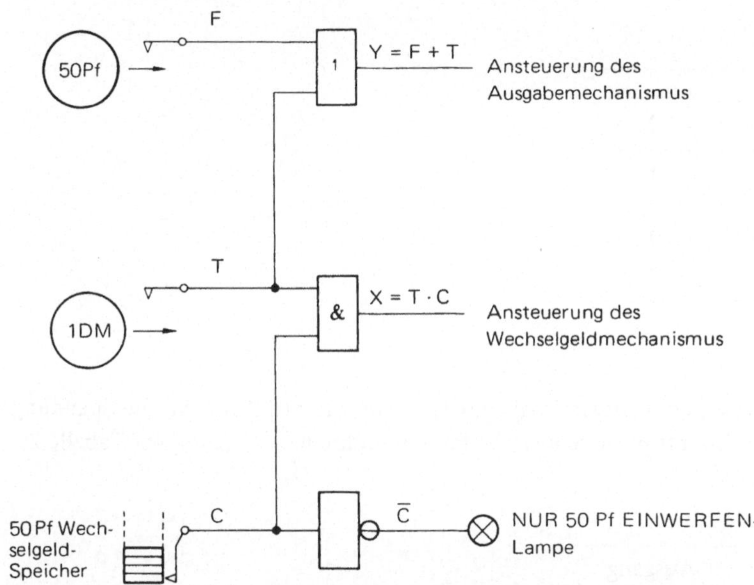

Abb. 2.4. Blockschaltbild der Logik eines Getränkeautomaten

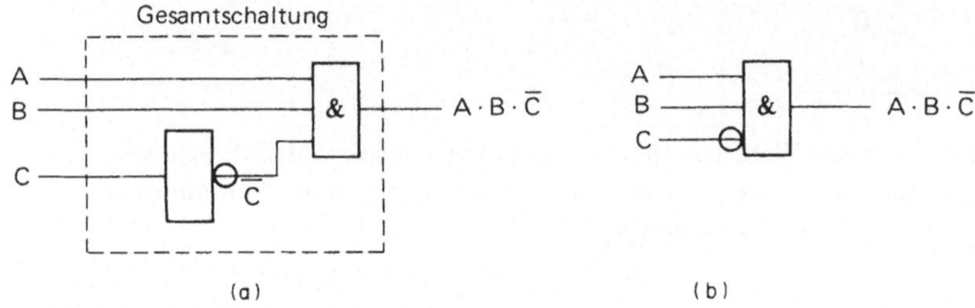

Abb. 2.5. Gatter mit negierten (invertierten) Eingängen

2.6. Positive und negative logische Pegel

Im ersten Kapitel haben wir erwähnt, daß eine bestimmte elektrische Spannung entweder logisch *1* oder logisch *0* repräsentieren kann. In diesem Buch haben wir bis jetzt logisch *1* durch positive Spannungen und logisch *0* durch Nullpotential dargestellt. Wir wollen jetzt den Effekt betrachten, der sich ergibt, wenn wir bei einem gegebenen logischen Gatter statt mit positiven logischen Pegeln mit negativen logischen Pegeln arbeiten.

Angenommen, wir haben die Ein- und Ausgangsspannungen eines Gatters mit 2 Eingängen gemessen und sie hätten sich so wie in Tabelle 2.4 verhalten, wobei H (HIGH) eine Spannung bedeutet, die positiver (weniger negativ) im Vergleich zur Spannung L (LOW) ist.

Tabelle 2.4

| Eingänge | | Ausgang |
A	B	X
L	L	L
L	H	L
H	L	L
H	H	H

Positive Logik

In der Schreibweise der positiven Logik gilt H = 1 und L = 0. Wenn wir die Spannungspegel der Tabelle 2.4 auf positive logische Pegel umschreiben, erhalten wir Tabelle 2.5.

Tabelle 2.5

| Eingänge | | Ausgang |
A	B	X
0	0	0
0	1	0
1	0	0
1	1	1

Wenn wir Tabelle 2.5 mit der Wahrheitstabelle eines UND-Gatters mit 2 Eingängen
(Tabelle 2.1) vergleichen, sehen wir, daß das vorliegende Gatter in der Schreibweise
der positiven Logik ein UND-Gatter erzeugt.

Negative Logik

In der Schreibweise der negativen Logik gilt H = 0 und L = 1. Tabelle 2.6 zeigt das Ergebnis, wenn wir in Tabelle 2.4 die Spannungspegel durch die Ausdrücke der negativen
Logik ersetzen.

Tabelle 2.6

| Eingänge | | Ausgang |
A	B	X
1	1	1
1	0	1
0	1	1
0	0	0

Wir wollen jetzt Tabelle 2.6 mit Tabelle 2.2 eines ODER-Gatters mit 2 Eingängen vergleichen. Wenn wir in beiden Fällen analoge Eingangssituationen vergleichen, sehen wir, daß Tabelle 2.6 die Wahrheitstabelle eines ODER-Gatters ist.

Zusammenfassung

Klarerweise hängt der Name eines durch seine Wahrheitstabelle angegebenen Gatters von der verwendeten Schreibweise ab, da ein UND-Gatter in positiver logischer Notation als ODER-Gatter wirkt, wenn wir die negative logische Notation verwenden, Es sei dem Leser überlassen, zu zeigen, daß ein ODER-Gatter in positiver logischer Notation als UND-Gatter in negativer logischer Notation arbeitet.

Im Rest des Buches werden wir hauptsächlich die positive logische Schreibweise verwenden. Ausnahmen werden speziell erwähnt.

3. NAND- und NOR-Funktionen

NAND und NOR sind Zusammenziehungen der logischen Funktionen NOT und UND (AND) bzw. ODER (OR):

$$\text{NAND} = \underline{\text{NOT}}\ \underline{\text{AND}} = \overline{\text{UND}}$$

$$\text{NOR}\ \ = \underline{\text{NOT}}\ \underline{\text{OR}}\ \ = \overline{\text{ODER}}$$

Diese Funktionen werden im folgenden detailliert beschrieben.

3.1. Die NAND-Funktion

Wenn man ein UND-Gatter und ein NOT-Gatter nach Abb. 3.1 zusammenschaltet, erhält man die NAND-Funktion, deren Wahrheitstabelle in Tabelle 3.1 angegeben ist.

Tabelle 3.1. Wahrheitstabelle für ein NAND-Gatter mit 2 Eingängen

Eingänge		Zwischenergebnis $A \cdot B$	Ausgang $\overline{A \cdot B}$
0	0	0	1
0	1	0	1
1	0	0	1
1	1	1	0

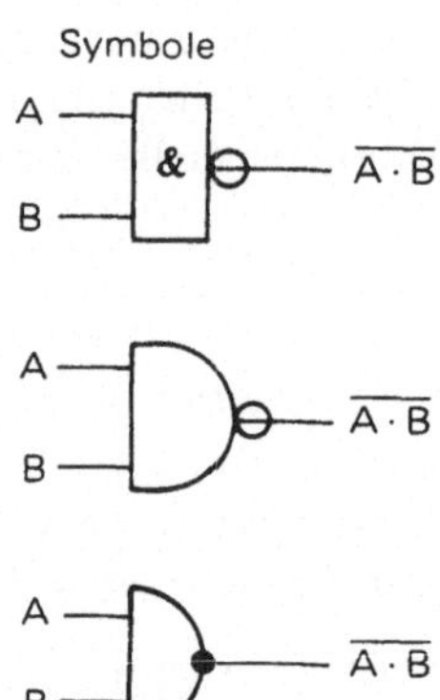

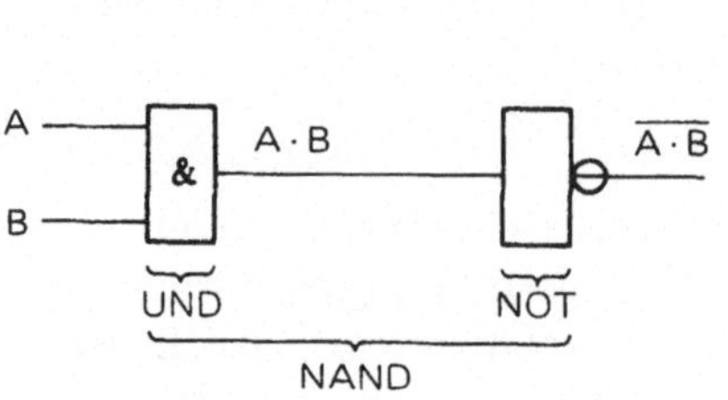

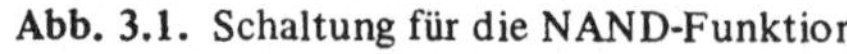

Abb. 3.1. Schaltung für die NAND-Funktion

Wir wollen die Arbeitsweise dieses Schaltkreises an Hand der beiden Stufen in Abb. 3.1 betrachten. Die erste Stufe dieser Schaltung erzeugt die UND-Funktion, die, wie wir früher gesehen haben, am Ausgang immer dann *0* liefert, wenn irgend ein Eingang *0* ist und genau dann eine *1*, wenn beide Eingänge *1* sind, was als Zwischenergebnis der UND-Funktion von Tabelle 3.1 liefert. Der Negationsteil des NAND-Gatters komplementiert oder invertiert das Zwischenresultat und ergibt den endgültigen Ausgang. Die vollständige Wahrheitstabelle kann man folgerdermaßen zusammenfassen:

> Wenn an irgeneinem Eingang eines NAND-Gatters logisch *0* liegt, dann ist der Ausgang *1*, andernfalls *0*.

3.2. Die NOR-Funktion

Abb. 3.2 zeigt ein Blockdiagramm eines Netzwerkes, das die NOR-Funktion liefert. Die Wahrheitstabelle zeigt Tabelle 3.2.

Der ODER-Teil der Schaltung erzeugt logisch *1*, wenn an irgendeinem Eingang *1* liegt und dieser Ausgang wird durch die Negation invertiert. Die gesamte Wahrheitstabelle kann man folgendermaßen zusammenfassen:

> Wenn an irgendeinem Eingang eines NOR-Gatters logisch *1* liegt, dann ist der Ausgang *0*, sonst *1*.

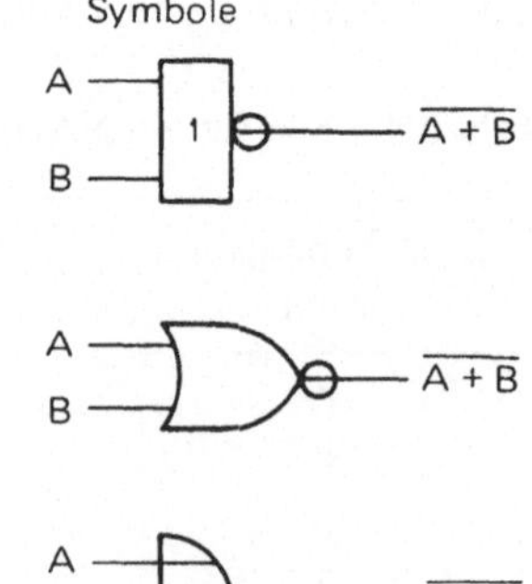

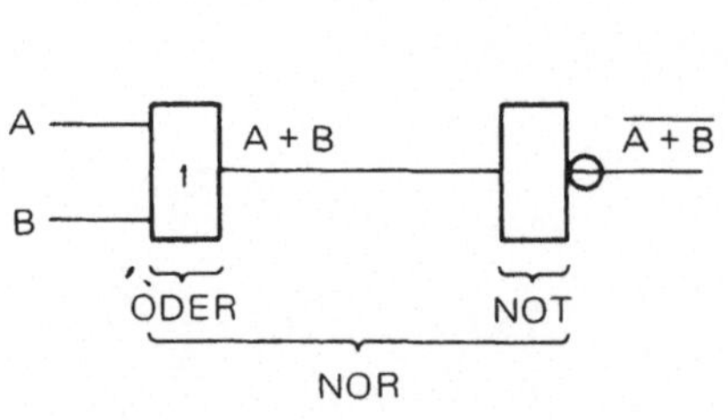

Abb. 3.2. Schaltung für die NOR-Funktion

Tabelle 3.2. Wahrheitstabelle für ein NOR-Gatter mit 2 Eingängen

Eingänge		Zwischenergebnis $A + B$	Ausgang $\overline{A + B}$
0	0	0	1
0	1	1	0
1	0	1	0
1	1	1	0

3.3. Wozu NAND- und NOR-Gatter?

Eine Eigenschaft von NOR- und NAND-Schaltungen ist, daß man aus jeder von ihnen die Wahrheitstabellen aller anderen Gattertypen konstruieren kann, d. h. eine geeignete Zusammenschaltung einer Anzahl von NAND-Gattern kann dazu verwendet werden, die UND-, ODER-, NOT- und NOR-Funktion (s. Kapitel 7) und verschiedene Speicherschaltungen zu realisieren (s. Kapitel 8). Das ist klarerweise ein wirtschaftlicher Vorteil, da der Anwender nur eine Grundtype logischer Elemente einkaufen und am Lager halten muß.

Zunächst könnte es so aussehen, daß eine große Anzahl von NAND- und NOR-Gattern notwendig ist, um ein äquivalentes UND- oder NOT-Netzwerk zu ersetzen, das trifft aber nicht zu, da man mit Methoden der Booleschen Algebra die Anzahl der Gatter eines Systems minimieren kann. In manchen Fällen ist es möglich, eine gegebene logische Funktion mit weniger NAND- oder NOR-Gattern zu realisieren, als es mit UND-, ODER- und NOT-Gattern möglich wäre. Drüberhinaus sind NAND- und NOR-Elemente im allgemeinen billiger als andere Typen von logischen Schaltelementen.

3.4. Positive und negative Logik bei NAND- und NOR-Gattern

Wir wollen den Unterschied bei der Verwendung positiver oder negativer Logik bei NAND- und NOR-Gattern an Hand von Tabelle 3.3 darstellen.

Tabelle 3.3

Eingänge		Ausgang
A	B	
H	H	L
H	L	L
L	H	L
L	L	H

Das ist eine Tabelle der Ein- und Ausgangsspannungen eines bestimmten logischen Gatters, wobei H eine positivere Spannung als L darstellt. Bei positiver Logik gilt H = *1* und $L = 0$. Bei negativer Logik gilt $H = 0$ und $L = 1$. Mit diesen Beziehungen ergeben sich aus Tabelle 3.3 die Tabellen 3.4 bzw. 3.5 für positive Logik bzw. für negative Logik.

<table>
<tr><td colspan="3">Tabelle 3.4. Wahrheitstabelle für positive Logik</td><td colspan="3">Tabelle 3.5. Wahrheitstabelle für negative Logik</td></tr>
</table>

Eingänge		Ausgang	Eingänge		Ausgang
A	B		A	B	
1	1	0	0	0	1
1	0	0	0	1	1
0	1	0	1	0	1
0	0	1	1	1	0

Wenn wir Tabelle 3.4 mit der Wahrheitstabelle eines NOR-Gatters mit 2 Eingängen — Tabelle 3.2 — vergleichen, sehen wir, daß dieses Gatter bei *positiver Logik* ein *NOR-Gatter* darstellt. Vergleichen wir Tabelle 3.5 mit der Wahrheitstabelle eines NAND-Gatters mit 2 Eingängen — Tabelle 3.1 — sehen wir, daß das selbe Gatter auch als *NAND-Gatter* bei *negativer Logik* betrachtet werden kann.

Aus diesen Gründen ist es notwendig, festzulegen, ob der Name eines Gatters für positive oder negative Logik gilt. In manchen Fällen wird ein Gatter als NAND/NOR bezeichnet und der Hersteller gibt eine Wahrheitstabelle an, die die zugehörigen Spannungspegel enthält, d. h. eine Wahrheitstabelle ähnlich der Tabelle 3.3.

4. Elektronische Schalter

Ein idealer Schalter hat im Zustand EIN keinen wirksamen Widerstand zwischen seinen Klemmen und es fällt keine Spannung an ihm ab, wenn Strom fließt. Im Zustand AUS hat er einen unendlichen Widerstand zwischen seinen Klemmen und der Leckstrom ist Null. Darüberhinaus hat unser idealer Schalter ein perfektes Schaltverhalten, so daß die Zeit für das Ein- oder Ausschalten des Stromes Null ist.

Kein reales Schaltelement kann dieses Ideal erreichen, aber die Halbleiterdiode und der Transistor kommen ihm nahe genug.

4.1. Halbleitermaterialien

Transistoren und Dioden werden aus Materialien hergestellt, die als *Halbleiter* bekannt sind. Diese haben eine Reihe wertvoller Eigenschaften, die es erlauben, den Stromfluß in elektronischen Schaltungen zu steuern. Ein Halbleiter ist ein Material, dessen Leitfähigkeit bei Zimmertemperatur zwischen der eines guten Leiters und der eines guten Isolators liegt. Quantitativ liegt die Leitfähigkeit eines Halbleiters im Bereich zwischen $10^{-4}\,\Omega m$ und $10^3\,\Omega m$.

Die beiden hauptsächlich für die Konstruktion von Transistoren und Dioden verwendeten Halbleitermaterialien sind *Silizium* (Si) und *Germanium* (Ge), wobei ersteres allgemein in elektronischen logischen Schaltungen verwendet wird. In den ersten Jahren der Halbleiterelektronik war Germanium weit verbreitet, da seine Erzeugung und Verarbeitung gut beherrscht wurden. Silizium hat bei der Anwendung als Schalter eine Reihe von Vorteilen gegenüber Germanium, z.B. einen größeren Temperaturbereich und einen kleineren Leckstrom. Die Siliziumtechnologie hat die Germaniumtechnologie überholt und die derzeitige Generation von Siliziumbauteilen hat bessere Eigenschaften als Germaniumbauteile. Andere Halbleitermaterialien, z.B. Galliumarsenid (GaAs) werden in Spezialfällen verwendet und sind hier nicht von weiterem Interesse.

Halbleiter gibt es in 3 Grundformen: *i-Typ, p-Typ* und *n-Typ. Intrinsische* Halbleiter (i-Typ) sind *reine* Halbleiter. Die Leitfähigkeit dieses Materialtyps steigt mit der Temperatur, man sagt es hat einen *negativen* Widerstands-Temperaturkoeffizienten. Der Strom durch dieses Material ist stark temperaturabhängig. Ideale i-Typ-Halbleiter sollten bei Zimmertemperatur gute Isolatoren sein; dabei kommt Silizium diesem Ideal näher als Germanium.

Elektronen in der *äußersten* Schale eines Atoms nennt man *Valenzelektronen.* Sie sind für das chemische und elektrische Verhalten des Atoms maßgebend. Silizium- und Germanium-Atome haben 4 Valenzelektronen und sind als *4-wertige Atome* bekannt. Elektrische Leitung entsteht aus der Bewegung von Valenzelektronen, die sich im elektrischen Feld von ihren Mutteratomen gelöst haben. Da die negative Ladung der Valenzelektronen (− 4 Einheiten der Ladung bei einem 4-wertigen Atom) gerade die positive Ladung (+ 4 Einheiten) des restlichen Atoms aufhebt, ist die Gesamtladung eines einzelnen Atoms Null. Wenn ein Elektron das Atom verläßt, nimmt es eine negative Ladung von − 1 Einheit mit sich und läßt ein Atom mit einer positiven Gesamtladung von + 1 Einheit zurück. Diese positive Ladung nennt man *Loch* und sie ist äquivalent zu einem fehlenden Elektron. D.h. der Strom entsteht sowohl aus dem Fluß der Elektronen zum positiven Pol der Versorgungsspannung und dem Fluß der Löcher zum negativen Pol. Welcher Typ von Ladungsträger den Leitungsprozeß hauptsächlich bestimmt, hängt vom Typ des betrachteten Halbleiters ab.

Bei i-Typ-Halbleitern werden alle Valenzelektronen für chemische Bindungskräfte verwendet und deshalb sind i-Typ-Materialien schlechte Leiter.

Wenn wir worsichtig eine gewisse Menge (ca. 1 Atom auf 10^8 Atome) einer speziellen Verunreinigung in das Material einbringen, ändern sich die elektrischen Eigenschaften des Halbleiters in besonderer Weise. Wenn wir z.B. ein Atom mit 5 Valenz-Elektronen (*5-wertiges Atom*) in Silizium oder Germanium einbringen, werden nur 4 der 5 Valenz-Elektronen für die chemischen Bindungskräfte verbraucht. Das verbleibende Elektron kann leicht für Leitfähigkeit verwendet werden, so daß dieses Elektron ein *freier Ladungsträger* in der Atomstruktur wird. Als Elektron hat dieser freie Ladungsträger eine negative Ladung und man bezeichnet solche Materialien als n-Halbleiter. Da in n-Materialien die Elektronen beweglich sind, ist der *Stromfluß* hauptsächlich durch die Bewegung negativer Ladungsträger vom negativen Pol der Versorgung zum positiven Pol gegeben.

5-wertige Verunreinigungen sind z. B. Arsen (As), Phosphor (P) und Antimon (Sb).

Wenn wir andererseits eine Verunreinigung mit 3 Elektronen in der äußersten Schale (*3-wertige Atome*), wie z. B. Aluminium (Al), Bor (B), Gallium (Ga) oder Indium (In) einbringen, so hat das entstehende Material einen Elektronenmangel in seiner Struktur, d. h.:

> Die Leitfähigkeit entsteht aus der Bewegung von positiven Ladungsträgern oder Löchern im elektrischen Feld. Dieses Material nennt man *p-Halbleiter*.

4.2. Halbleiter-Sperrschicht-Dioden

Die einfachste Art eines elektronischen Schalters ist die Halbleiterdiode, wie sie Abb. 4.1 zeigt. Dieses Schaltelement wird von einem Halbleiterkristall gebildet, das eine p-Region und eine n-Region besitzt. Die p-Region ist die *Anode* der Diode und die n-Region ihre *Kathode*. Wenn die Anode positiv (p-Region positiv) in bezug auf die n-Region ist, sagt man: die Diode ist in *Durchlaßrichtung* vorgespannt und der Strom kann durch sie fließen. In diesem Betriebsfall ist der *Durchlaßspannungsabfall* an der Diode, wenn der angegebene Strom fließt, ungefähr 0,7 bis 0,8 V bei Silizium- und ungefähr 0,3 bis 0,4 V bei Germanium-Dioden. Man sagt: die Diode befindet sich im Zustand der *Vorwärtsleitung*, entsprechend dem ersten Quadranten der Charakteristik in Abb. 4.2. In diesem Betriebszustand arbeitet die Diode als Schalter in der Stellung EIN.

Wenn wir die Anode mit dem negativen Pol der Versorgung und die Kathode mit dem positiven Pol verbinden, unterbricht die Diode den Stromfluß und man sagt: sie ist in *Sperrichtung* gepolt. Vorausgesetzt, daß die *Sperrspannung* an der Diode nicht ihre *Durchbruchspannung* übersteigt, fließt nur *Leckstrom* zwischen den beiden Regionen. Der Leckstrom in Silizium-Dioden beträgt einige nA (10^{-9} A). In diesem Betriebszustand arbeitet die Diode als Schalter in Stellung AUS.

Wenn man die Rückwärts-Durchbruchs-Spannung überschreitet, steigt der Durchbruchstrom bei sehr kleinen Spannungserhöhungen sehr stark. Bei gewöhnlichen Dioden wird dieser Arbeitsbereich vermieden, da er sehr schnell zu außerordentlicher Erhitzung und darauffolgender Zerstörung der Diode führt.

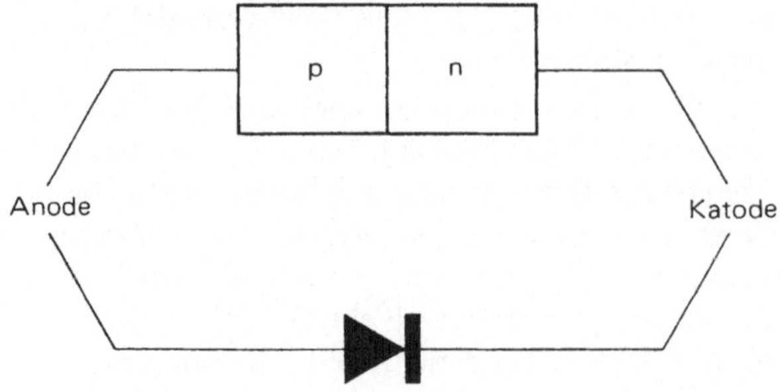

Abb. 4.1
p-n-Sperrschichtdiode

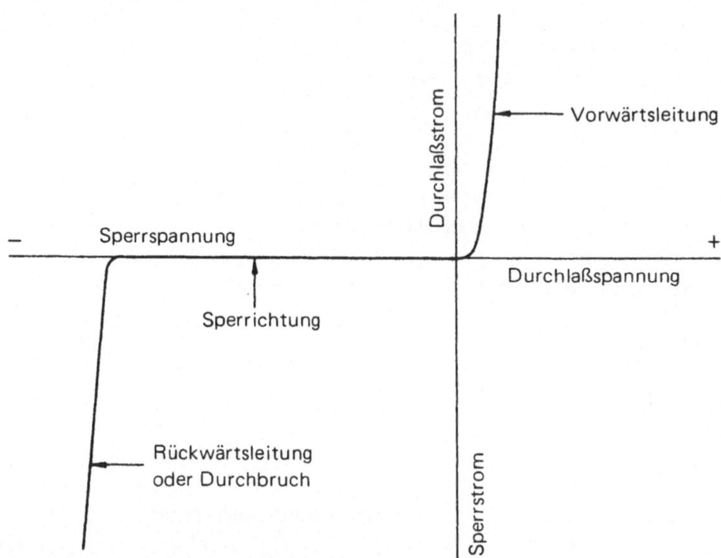

Abb. 4.2. Kennlinie einer p-n-Sperrschichtdiode

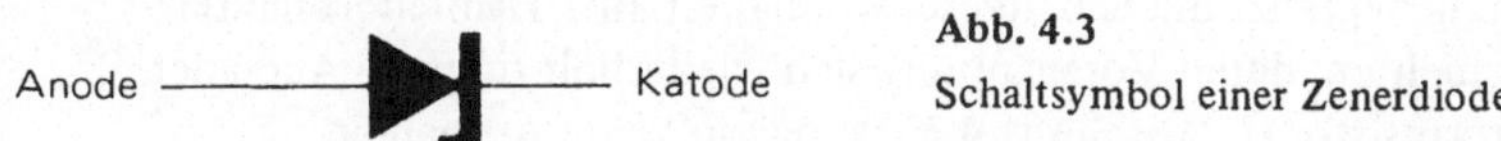

Abb. 4.3
Schaltsymbol einer Zenerdiode

Bestimmte Diodentypen, *Zener-Dioden* genannt, sind speziell dafür ausgelegt, in diesem Durchbruchsbereich zu arbeiten. Das Symbol für eine Zenerdiode zeigt Abb. 4.3. Zenerdioden werden in vielen Schaltungen verwendet, z. B. Vorspannungsschaltkreise, Bezugsspannungsschaltungen und stabilisierte Netzgeräte.

4.3. Ladungsträgerspeicherung in Dioden

Wenn sich die Spannung an einer Sperrschichtdiode von der Durchlaßspannung zur Sperrspannung ändert, müssen die Ladungsträger im Schalelement mit Mutteratomen rekombinieren und verschwinden, bevor der Strom durch die Diode Null werden kann. Dieser Vorgang resultiert in einem Stromimpuls in Sperrichtung durch die Diode, wie Abb. 4.4 zeigt. Der Strom wird durch den Widerstand des Schaltkreises auf U/R begrenzt. Der Effekt, der diesen Sperrstrom bewirkt, ist unter dem Namen *Ladungsspeicherung* bekannt. Der Nettoeffekt der Ladungsspeicherung verursacht eine Verzögerung zwischen dem Zeitpunkt, in dem die Versorgungsspannung umgepolt wird, um dem Zeitpunkt, zu dem der Anodenstrom Null wird (oder genauer: auf die Größe des Leckstroms absinkt).

Die *Speicherzeit* t_s der Diode ist die Zeit, die die Sperrspannung benötigt, um die Ladungsträger von der Sperrschicht wegzutreiben; die Übergangszeit t_t (transition) ist die

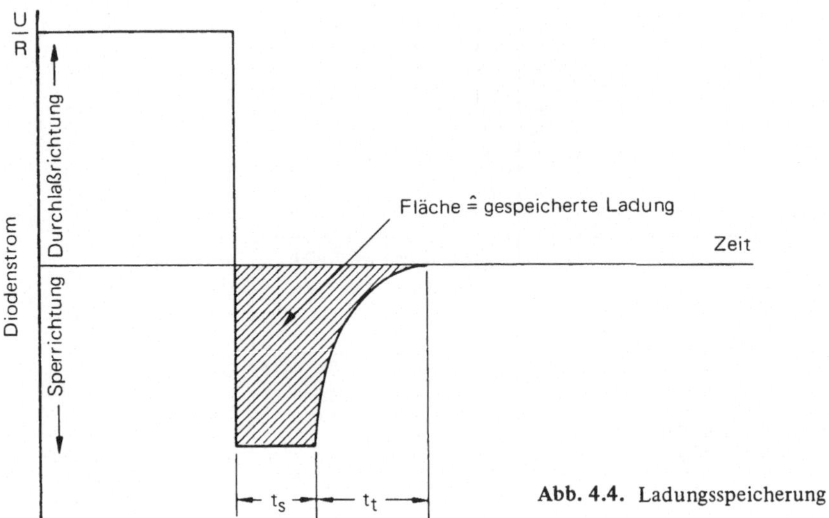

Abb. 4.4. Ladungsspeicherung

Zeit, in der der Sperrstrom Null wird. Die Gesamtverzögerung wird manchmal als Erholungszeit der Diode bezeichnet und beträgt bei Schaltdioden wenige Nanosekunden (10^{-9} s). Schaltdioden sollten eine möglichst kleine Erholungszeit haben.

Die Ladungsspeicherung begrenzt die Schaltgeschwindigkeit aller Halbleiterschaltelemente mit pn-Sperrschichten, deren Vorspannung sich wiederholt umpolt. Auch der bipolare Sperrschichttransistor (s. Abschnitt 4.5) ist davon keine Ausnahme.

4.4. Die Schottky-Diode

Die Schottky-Diode ist ein Schaltelement mit einer gleichrichtenden Metall-Halbleiter-(gewöhnlich n-Typ) Sperrschicht. Die Arbeitsweise dieses Elements unterscheidet sich von der pn-Sperrschichtdiode und zeigt keinen Ladungsspeicherungseffekt. Aus diesem Grund ist die Schottky-Diode ein interessantes Bauelement für Schalter (s. auch Abschnitt 4.13).

4.5. Der bipolare Sperrschichttransistor (Bipolar Junction Transistor, BJT)

Der bipolare Sperrschichttransistor ist ein Schaltelement aus einem Halbleiterkirstall. Er besitzt 3 Regionen, die als *Emitter, Basis* und *Kollektor* bezeichnet werden. Abb. 4.5 zeigt eine symbolische Darstellung der beiden Haupttypen von bipolaren Transistoren, die als npn- und pnp-Transistoren bekannt sind. In beiden Transistortypen tragen Löcher und Elektronen zum Stromtransport bei und man nennt sie aus diesem Grund *bipolare* Schaltelemente.

Bei beiden Transistortypen injiziert der Emitter Ladungsträger in den Transistor, die Basis ist die Region, die den Stromfluß steuert und der Kollektor ist die Region, in der die Ladungsträger gesammelt werden.

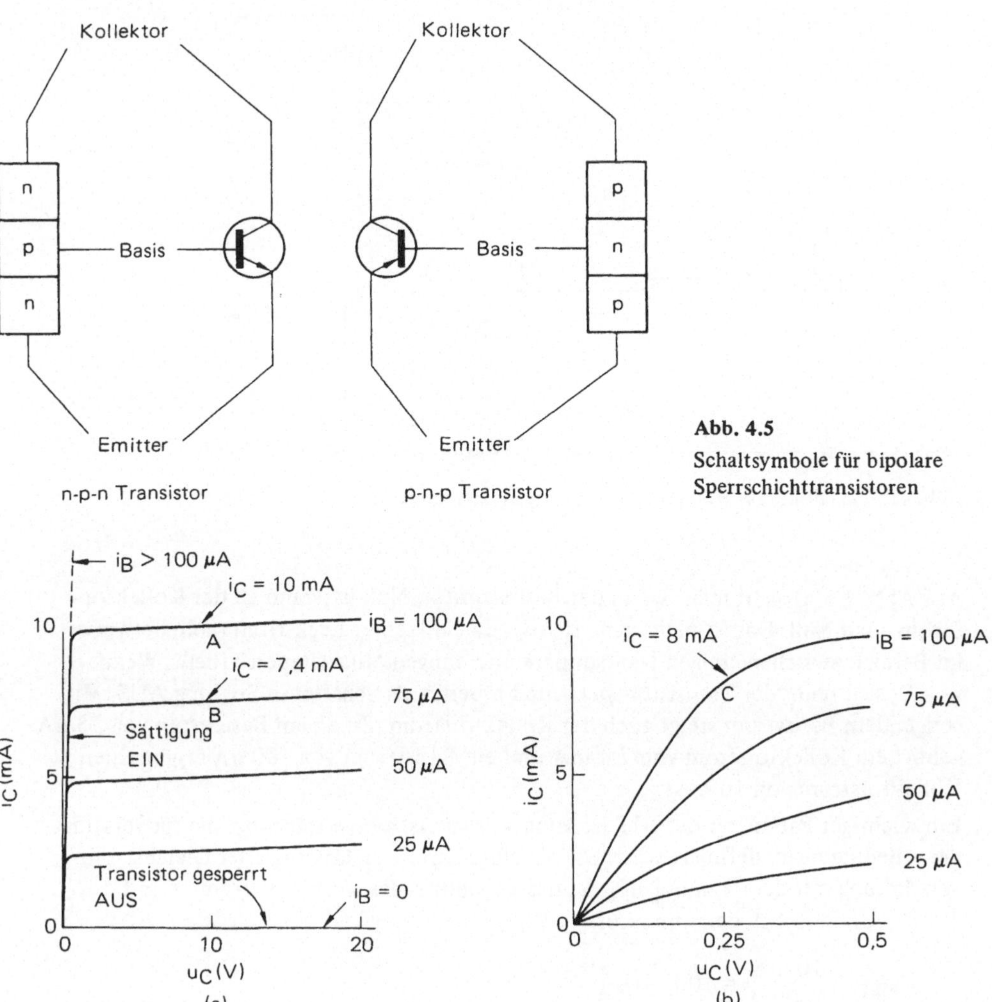

Abb. 4.6. Kollektorkennlinie eines n-p-n-Transistors in Emitterschaltung (a) und Detail um den Ursprung (b)

Die Art, in der der Basisstrom den Kollektorstrom bestimmt, sieht man am besten an der *Ausgangscharakteristik* oder *Kollektorcharakteristik* des Transistors, ein Beispiel zeigt Abb. 4.6(a). Diese Charakteristik gilt für die Emitterschaltung eines npn-Transistors. Man erhält sie, wenn man den Transistor so betreibt, daß der Emitter sowohl zum Basissignal (dem steuernden Signal) als auch zur Kollektorversorgung gehört.

Eine typische Testschaltung, mit der man diese Charakteristik messen kann, zeigt Abb. 4.7. Bei Schalteranwendungen werden BJT fast immer in dieser Weise (Emitter-Schaltung) verwendet, da sie sowohl hohen Stromgewinn als auch hohen Leistungsgewinn bietet.

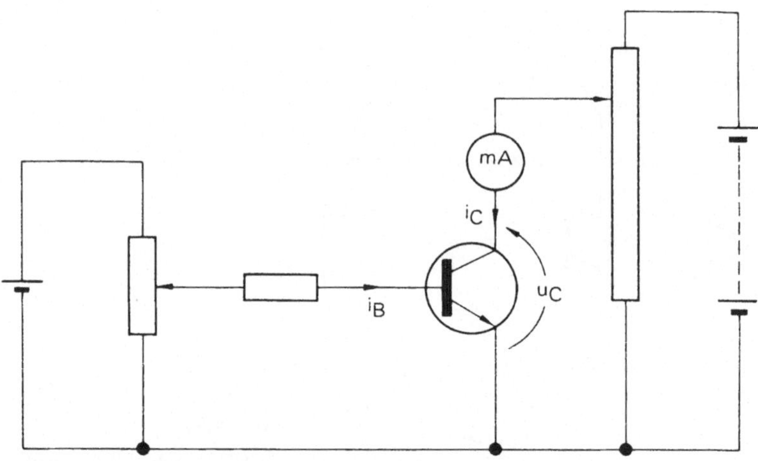

Abb. 4.7. Schaltung zur Bestimmung der Ausgangskennlinie

Aus Abb. 4.6(a) sieht man: wenn der Basisstrom i_B Null ist, dann ist der Kollektor-
Strom auch Null. Das ist nicht ganz richtig, da ein kleiner Leckstrom (üblicherweise
im Bereich zwischen einigen Nanoampere und einigen Mikroampere) fließt. Wenn
$i_B = 0$, sagt man: der Transistor *sperrt* und arbeitet als Schalter in Stellung AUS. Mit
steigendem Basisstrom steigt auch der Kollektorstrom. Zu einem Basisstrom von 75 μA
gehört ein Kollektorstrom von 7,4 mA und ein Basisstrom von 100 μA ergibt einen
Kollektorstrom von 10 mA.

Ein wichtiger Parameter des BJT ist seine *Vorwärtsstromverstärkung*, die für verschiedene Bedingungen definiert wird. Die absolute Stromverstärkung oder Gleichstrom-
verstärkung mit dem Symbol h_{FE} ist das Verhältnis des Kollektorstroms zum Basisstrom. Am Punkt A der Abb. 4.6(a) gilt:

$$h_{FE} = \frac{10\ \text{mA}}{100\ \mu\text{A}} = 100. \ = \frac{i_c}{i_B}$$

Dieser Parameter ist besonders signifikant, wenn man die Vorspannungsbedingungen
auswertet. Die *Kleinsignal-Vorwärts-Stromverstärkung* h_{fe} ist das Verhältnis der
Kollektorstromänderung im Verhältnis zur zugehörigen *Basisstromänderung*. Dieses
Verhältnis wird bei einer konstanten Kollektorvorspannung bestimmt (10 V in Abb. 4.6(a)).
Der Wert von h_{fe} zwischen den Punkten A und B in Abb. 4.6(a) ist

$$h_{fe} = \frac{(10 - 7,4)\ \text{mA}}{(100 - 75)\ \mu\text{A}} = 104.$$

Der Parameter h_{fe} ist von besonderer Bedeutung beim Entwurf von linearen Kleinsignal-
verstärkern.

Von besonderer Bedeutung bei der Anwendung als Schalter ist die *Vorwärtsstromverstärkung in der Sättigung* $(h_{FE\,(sat)})$. Ein BJT ist gesättigt (saturated), wenn sein Arbeits-

punkt im steilen Teil der Kurve, ganz links in Abb. 4.6(a), liegt. Im gesättigten Zustand liegt am Transistor nur eine kleine Spannung und es fließt ein großer Strom. Dieser Abschnitt der Kennlinie ist in Abb. 4.6(b) vergrößert gezeichnet. Der Wert von $h_{FE\,(sat)}$ am Punkt C bei einer Kollektorspannung von 0,25 V beträgt

$$h_{FE\,(sat)} = \frac{8\ mA}{100\ \mu A} = 80.$$

D. h., um einen Transistor in die Sättigung zu bringen oder ihn als Schalter in der EIN-Stellung zu betreiben, muß der Basisstrom *zumindest* 1/80 des größten Kollektorstroms betragen. In Schaltungen, die gesättigte Transistoren als Schalter verwenden, ist der Basisstrom der zum Sättigen des Transistors verwendet wird, wesentlich größer als dieses Minimum.

Wenn ein Transistor gesättigt ist, ist die *Kollektor-Emitter-Sättigungsspannung* $U_{CE\,(sat)}$ sehr klein, in Abb. 4.6(b) z. B. 0,25 V. Ein anderer wichtiger Parameter ist die Spannung zwischen Basis und Emitter, die benötigt wird, um den Transistor zu sättigen. Dieser Parameter wird mit dem Symbol $U_{BE\,(sat)}$ bezeichnet und sein Wert liegt bei etwa 0,7 bis 0,8 V bei Silizium-Transistoren und bei 0,4 V bei Germanium-Transistoren.

4.6. Widerstands-Transistor-Logik-Negation (Resistor-Transistor-Logic, RTL)

Die grundlegende Form einer RTL-Negation zeigt Abb. 4.8. Der Eingang A dieses Gatters kommt von einem Schalter, der die Basis des Transistors entweder mit Masse (logisch *0*) oder mit positiver Spannung U (logisch *1*) verbindet. Wenn der Ausgang unbelastet ist, d. h. $I_L = 0$, beträgt die Ausgangsspannung U_{CC}. Wenn der Ausgang belastet ist, verursacht der Strom durch R_L, daß die Spannung unter den Wert U_{CC} fällt und es ist üblich, Schaltungen so zu entwerfen, daß der logisch *1* Pegel im Bereich zwischen 0,5 U_{CC} bis U_{CC} liegt.

Wenn der Eingang A in Stellung 1 liegt, d. h. logisch *1* ist am Punkt A, so treibt der Strom durch R_1 den Transistor in die Sättigung, so daß der Ausgang $\overline{A}$ logisch *0* wird.

Wir wollen nun den Entwurf einer RTL-Negation betrachten, die im unbelasteten Zustand eine geeignete Arbeitsweise zeigt. Dieser Entwurf wird dann verfeinert, um die Effekte durch Belastung und andere Faktoren zu kompensieren.

Wenn der Transistor gesättigt ist, fließt der Strom $I_{L\,(sat)}$ durch die Last

$$I_{L\,(sat)} = \frac{U_{CC} - U_{CE\,(sat)}}{R_L} \approx \frac{U_{CC}}{R_L}.$$

Die Vereinfachung der obigen Beziehung entsteht durch die Annahme, daß $U_{CE\,(sat)}$ viel kleiner als U_{CC} ist. Der Basisstrom $I_{B\,(sat)}$, der benötigt wird, um den Transistor zu sättigen, beträgt

$$I_{B\,(sat)} = \frac{I_{C\,(sat)}}{h_{FE\,(sat)}} = \frac{U_{CC}/R_L}{h_{FE\,(sat)}},$$

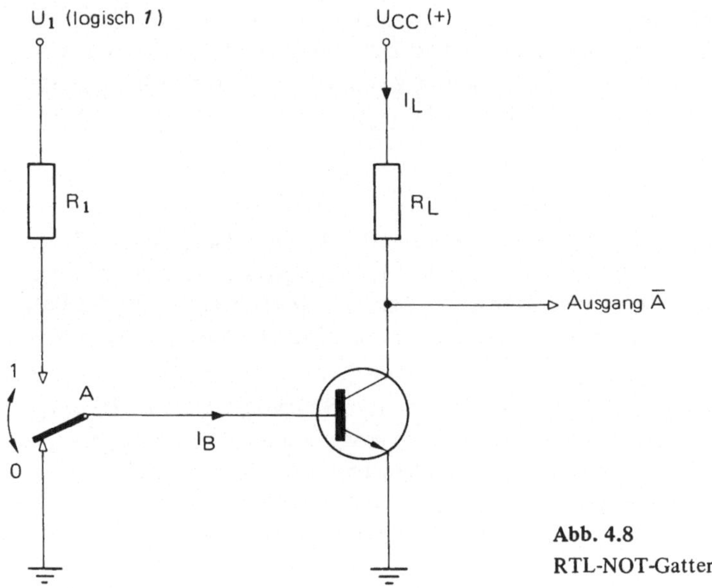

Abb. 4.8
RTL-NOT-Gatter

wobei $I_{C(sat)}$ der Sättigungsstrom durch den Transistor ist. Es gilt

$$I_{B(sat)} = \frac{U_1 - U_{BE(sat)}}{R_1} \approx \frac{U_1}{R_1}.$$

Durch Elimination von $I_{B(sat)}$ und Auflösen nach R_1 erhält man

$$R_1 = \frac{U_{CC} - U_{CE(sat)}}{(U_1 - U_{BE(sat)})\, h_{FE(sat)}\, R_L}$$

oder

$$R_1 = \frac{U_1}{U_{CC}}\, h_{FE(sat)}\, R_L.$$

Wie früher gezeigt, kann die Spannung für logisch *1* jeden Wert zwischen U_{CC} und $U_{CC}/2$ oder sogar noch weniger annehmen. D. h. der *kleinste* Wert von R wird benötigt, wenn $U = U_{CC}/2$ oder $R_1 = R_L\, h_{FE(sat)}/2$. Wenn $U_1 = U_{CC}$, kann man für R_1 einen Widerstand der Größe $R_1 = R_L\, h_{FE(sat)}$ verwenden. Der erste Wert bringt den Transistor in die Sättigung, wenn das kleinste logisch *1* Signal anliegt. In der Praxis ist es auch nötig, nicht nur Schwankungen in der Versorgungsspannung sondern auch die Toleranzen von R_1 und R_L und Unterschiede in $h_{FE(sat)}$ zwischen verschiedenen Transistoren zu berücksichtigen. Um alle diese Faktoren zu kompensieren, beträgt der Wert für R_1 nur ca. 30 % des maximalen Wertes, d. h. 30 % von $R_L\, h_{FE(sat)}$. Als Beispiel für den Schaltungsentwurf wollen wir ein NOT-Gatter mit einer Versorgungsspannung von 10 V, einem maximalen Kollektorstrom von 5 mA und einen Wert von $h_{FE(sat)} = 20$ entwerfen. Unter Verwendung der oben abgeleiteten Beziehungen erhalten wir

$$R_L = \frac{U_{CC}}{I_{C(sat)}} = \frac{10 \text{ V}}{5 \text{ mA}} = 2 \text{ k}\Omega.$$

Da wir als *maximalen* Kollektorstrom 5 mA festgelegt haben, ist es angebracht, für R_L den nächstgrößeren Wert über 2 kΩ aus der Normreihe zu nehmen, d.i. $R_L = 2{,}2$ kΩ.

Die Normreihe für Widerstände mit 10 % Toleranz sind dezimale Vielfache und Teile der folgenden Werte: 10, 12, 15, 18, 22, 27, 33, 39, 43, 47, 56, 68, 82.

Wenn wir annehmen, daß die Spannung für logisch *1* immer 10 V beträgt, können wir für R_1 einen Wert von

$$R_1 = h_{FE(sat)} R_L = 20 \cdot 2{,}2 \text{ k}\Omega = 44 \text{ k}\Omega$$

verwenden.

Wenn der Ausgang des Gatters so belastet wird, daß der logisch *1* Pegel auf $U_{CC}/2$ fällt, dann muß R_1 einen Wert von 22 kΩ haben, wenn der Transistor gesättigt sein soll. Wenn wir weiter für alle oben erwähnten Faktoren Sorge tragen wollen, müssen wir für R_1 einen Wert von ungefähr

$$R_1 = 0{,}3 \cdot 44 \text{ k}\Omega = 13{,}2 \text{ k}\Omega$$

nehmen. Der nächstniedrige Wert aus der Normreihe ergibt sich zu $R_1 = 12$ kΩ.

4.7. Stromquellengatter und Stromsenkengatter

Die üblichen Reihen von logischen Gattern mit BJT beinhalten Dioden in ihren Eingangsschaltkreisen der Polung die Wirkungsweise des Schaltkreises beeinflußt. Die beiden prinzipiellen Typen von Schaltungen zeigt Abb. 4.9.

In Abb. 4.9(a) arbeitet das steuernde Gatter als *Stromquelle*, die alle Transistoren in den gesteuerten Gattern sättigt, wenn der Ausgang logisch *1* ist. Wenn der Ausgang des steuernden Gatters *0* ist, liegt die Anode von D1 auf Masse und es fließt kein Strom in den gesteuerten Transistoren. Diese Schaltungstype ist charakteristisch für NOR-Gatter. Abb. 4.9(b) ist typisch für NAND-Schaltungen, in denen Diode D2 so gepolt ist, daß der Transistor im steuernden Gatter als *Senke* für den Strom durch R_1 des gesteuerten Gatters wirkt. Die Diode D3 dient zur Spannungsverschiebung und die Gründe für ihre Verwendung werden detailliert in Kap. 5 beschrieben. Wenn der Ausgang des steuernden Gatters logisch *0* ist, arbeitet es also als *Stromsenke* für den Strom, der sonst in die Basis des Transistors der gesteuerten Stufe fließt.

4.8. Ausgangsfächer

Der Ausgangsfächer von Stromsenken- oder Stromquellengattern ist die größte Anzahl von Eingängen einfacher Gatter, die gleichzeitig angesteuert werden können, ohne daß einer der logischen Pegel außerhalb des angegebenen Bereiches liegt.

Bei NOR-Gattern (Abb. 4.9(a)) müssen wir dafür sorgen, daß der logisch *1* Pegel nicht unter den angegebenen Minimalwert fällt. Bei NAND-Gattern (Abb. 4.9(b)) muß der steuernde

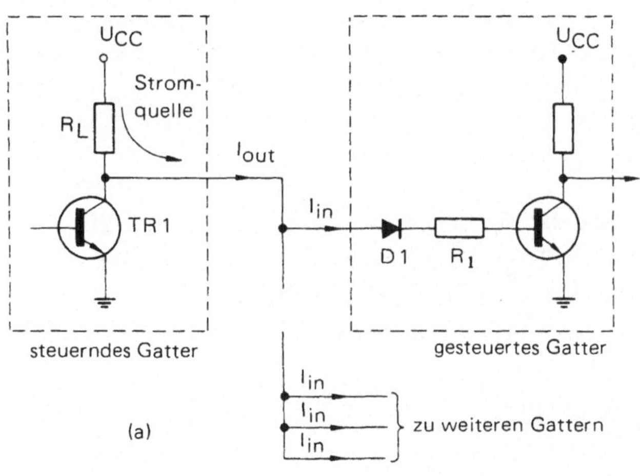

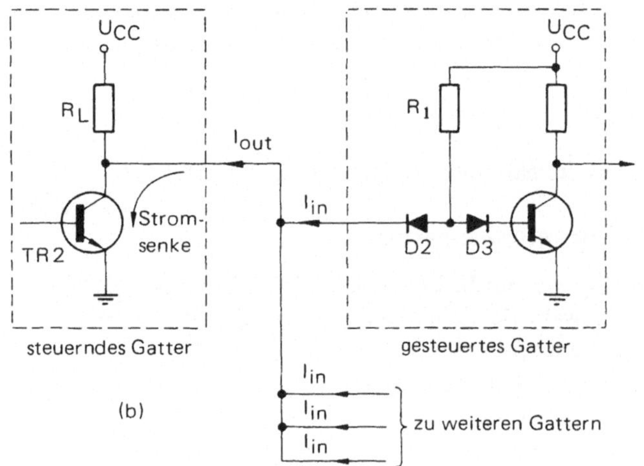

Abb. 4.9

Beispiele für ein Stromquellen-
gatter (a) und ein Stromsenkengatter (b)

Transistor die Summe der einzelnen Ströme aus den Eingängen der gesteuerten Gatter
ableiten, ohne daß er aus der Sättigung kommt. Wenn der Transistor aus der Sättigung
käme, würde der logisch *0* Pegel über den angegebenen Maximalwert steigen.

Wir wollen jetzt ein NOR-Netzwerk der Art von Abb. 4.9(a) mit den Schaltelementen
aus Kap. 4.6 betrachten, nämlich R_1 = 12 kΩ und R_L = 2,2 kΩ. Wenn der Ausgangsfächer des Gatters n ist, muß die *minimale* Ausgangsspannung am Kollektor von TR1
ausreichen, um n andere Transistoren zu sättigen, vorausgesetzt, TR1 ist AUS. Um n zu
berechnen, müssen wir die Minimalspannung für logisch *1* angeben. Bei U_{CC} = 10 V
wollen wir annehmen, daß dieser Wert bei 5 V liegt. Wenn wir den Spannungsabfall der
Diode D1 in Durchlaßrichtung und $U_{BE\,(sat)}$ vernachlässigen, dann gilt:

$$I_{in} \approx \frac{5\,V}{R_1} = \frac{5\,V}{12\,k\Omega} \approx 0,42\,mA$$

und
$$I_{sat} \approx \frac{(10-5)\,V}{R_L} = \frac{5\,V}{2,2\,k\Omega} \approx 2,3\,mA$$

daher

$$\text{Ausgangsfächer} = n = \frac{I_{sat}}{I_{in}} = \frac{2,3}{0,42} = 5,5.$$

Der Ausgangsfächer ist normalerweise eine ganze Zahl, so daß wir für ein NOR-Gatter dieser Art einen Ausgangsfächer von 5 angeben würden.

In der NAND-Schaltung von Abb. 4.9(b) ist der Ausgangsfächer wiederum durch $n = I_{out}/I_{in}$ gegeben. Wir müssen jedoch beachten, daß der steuernde Transistor TR2 nicht nur den Strom durch R_L sondern auch den Strom n mal I_{in} führen muß. Aus diesem Grund kann man im NAND-Gatter einen größeren Wert für R_L verwenden als in der NOR-Schaltung.

4.9. Eingangsfächer

Der Eingangsfächer eines Gatters gibt die Maximalzahl von steuernden Eingängen eines Gatters an. Die tatsächliche Anzahl von Eingängen, die bei Gattern verwendet werden, ist häufig kleiner als das theoretische Maximum, da nur wenige Anwendungsfälle mehr als etwa 4 Eingänge benötigen.

Wenn ein großer Eingangsfächer benötigt wird, kann man *Eingangsfächer-Expander* (s. Kapitel 5) verwenden. In vielen Fällen ist der Eingangsfächer durch die Schaltgeschwindigkeit des Gatters begrenzt, da die Eingangskapazität der Schaltung die Schaltgeschwindigkeit begrenzt.

4.10. Thermische Betrachtungen

Temperaturschwankungen ändern den Eingangsfächer, den Ausgangsfächer, die Schaltgeschwindigkeit und die logischen Pegel des Gatters. Gatter für industrielle und kommerzielle Anwendungen werden für einen Temperaturbereich von 0 bis 75 °C entworfen. Militärische und manche industrielle Anlagen, die eine größere Temperaturspanne benötigen, verwenden Familien mit logischen Gattern, die einen Arbeitsbereich zwischen −55 bis +125 °C haben.

4.11. Störsicherheit

Die Störsicherheit eines logischen Gatters gibt an, inwieweit es Änderungen des Pegels am Eingang ohne signifikante Änderung des Ausgangszustandes hinnimmt. Die Gleichspannungsstörgrenzen werden mit Hilfe der Schaltcharakteristik des Gatters definiert, ein Beispiel zeigt Abb. 4.10. In der Abbildung beträgt die Ausgangsspannung für HIGH 3 V und für LOW 0,2 V. Der Punkt A der Charakteristik entspricht dem Arbeitspunkt der Schaltung, wenn am Eingang ein LOW-Signal (0,2 V) liegt und Punkt B dem Arbeitspunkt, wenn der Eingang auf HIGH liegt (3 V). Im betrachteten Fall erfolgt der Übergang von einem logischen Pegel zum anderen zwischen den Eingangsspannungen von

0,9 V und 1,1 V. Ein positives Störsignal von $(0,9 - 0,2) = 0,7$ V kann zur minimalen logisch 0 Spannung am Eingang dazu kommen, ohne die Funktion der Schaltung zu stören. Analog kann man der maximalen logisch 1 Spannung eine negative Störspannung von $(3 - 1,1) = 1,9$ V ohne merklichen Effekt am Ausgang überlagern. Wenn jedoch das steuernde Gatter belastet ist, so daß die logisch 1 Spannung am Eingang nur 1,5 V beträgt, ist der Störspannungsabstand für den HIGH-Zustand nur 0,4 V.

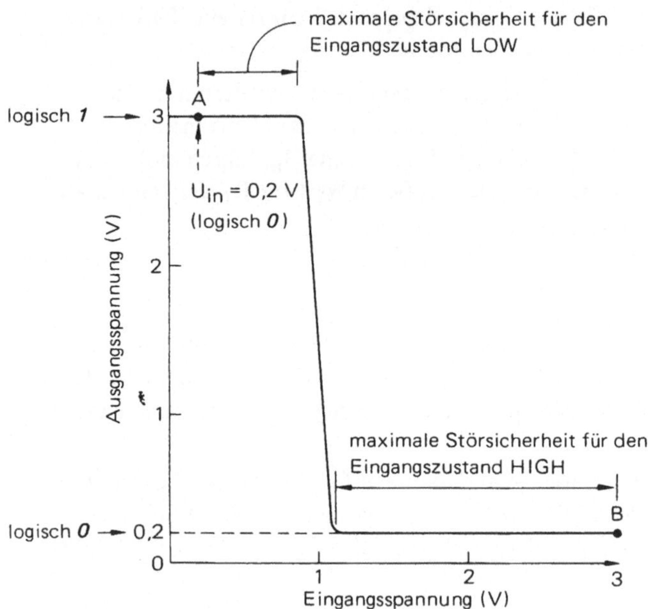

Abb. 4.10. Typische Übergangskennlinie eines NOT-Gatters

In ähnlicher Weise ist der Störspannungsabstand für LOW-Eingang durch die größte erlaubte 0-Spannung beeinflußt. Wenn das z. B. 0,4 V ist, dann beträgt der LOW-Eingangs-Störabstand nur $(0,9 - 0,4) = 0,5$ V.

4.12. Zeitverzögerungen in einem BJT-Schalter

Die Geschwindigkeit, mit der sich ein Signal durch elektronische Gatter fortpflanzt, hängt sowohl von der Anzahl als auch der Größe der Zeitverzögerungen ab. Typische Spannungskurven eines NOT-Gatters zeigt Abb. 4.11. Unmittelbar nach dem Ansteuern der Basis bleibt der Transistor im AUS-Zustand und der Kollektorstrom ist Null. Dieses Zeitintervall nennt man *Verzögerungszeit* t_d (delay). Das ist die Zeit, die der Basisstrom benötigt, um durch die Basis zu gelangen, so daß der Transistor leitend wird. Die *Anstiegszeit* t_r (rise) ist die Zeit, die der Kollektorstrom benötigt, um von 10 % auf 90 % seines Maximalwertes anzusteigen. Während dieses Zeitintervalles fällt die Kollektorspannung bei einer ohmschen Last von 90 % auf 10 % ihres Maximalwertes.

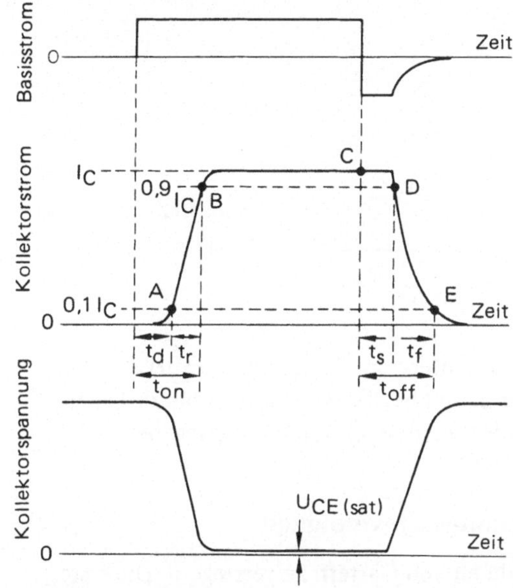

Abb. 4.11
Schaltkurven eines NOT-Gatters

Die Ansteigszeit wird durch mehrere Faktoren beeinflußt, z. B. durch den Frequenzgang des Transistors, seine Stromverstärkung und die Größe der Basisansteuerung. Für Anwendungen als Schalter sollten Transistoren eine möglichst hohe Grenzfrequenz haben.

Wenn die Basisspannung auf Null fällt, bleibt der Kollektorstrom für die sogenannte *Speicherzeit* t_s (storage) konstant, die benötigt wird, um die überschüssige Basisladung abzuführen. Der Kollektorstrom fällt in der sog. *Abfallzeit* t_f von 90 % auf 10 % seines maximalen Wertes und während dieses Intervalles steigt die Kollektorspannung von 10 % auf 90 % ihres Maximalwertes.

Die gesamte Zeit, die man benötigt, um den Transistor in den EIN-Zustand zu bringen, nennt man *Einschaltzeit* t_{on} und die Gesamtzeit, um ihn in den AUS-Zustand zu bringen, heißt *Abschaltzeit* t_{off} wobei gilt

$$t_{on} = t_d + t_r$$

und

$$t_{off} = t_s + t_f.$$

Typische Werte für Silizium-Schalttransistoren sind t_{on} = 12 ns, t_{off} = 15 ns mit t_s = 10 ns.

Ein wichtiger Faktor bei der Angabe der Schalteigenschaften von Gattern ist die Zeit, die ein Signal benötigt, um vom Gattereingang an den Gatterausgang zu gelangen. Diese Zeit nennt man *Schaltzeit* t_{pd} (propagation delay). Sie wird durch die Kurven in Abb. 4.12(b) definiert. Die Kurven beziehen sich auf das Inverter-Gatter in Abb. 4.12(a). Die Schaltzeit wird am 50 %-Spannungspegel der Ein- und Ausgangssignale angegeben, wobei

$$t_{pd} = \frac{t_1 + t_2}{2}.$$

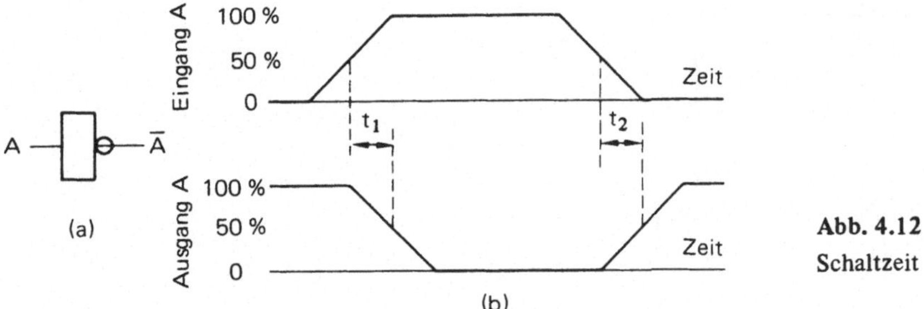

Abb. 4.12
Schaltzeit

Die Schaltzeit hängt von vielen Faktoren ab, darunter vom Schaltungsentwurf, der Versorgungsspannung, dem Leistungsverbrauch etc. und beträgt von ca. 1 ns bis zu Teilen von μs. Werte für einige wichtige Logik-Familien werden im Kapitel 5 angegeben.

4.13. Methoden zur Steigerung der Schaltgeschwindigkeit

Abb. 4.13 zeigt zwei Methoden, um die Schaltzeit von Gattern zu verringern. Die erste dieser Methoden besteht darin, zum Widerstand R eine sog. *Versteilerungskapazität* C parallel zu schalten. Dadurch gelangt der ganze Spannungssprung am Eingang unmittelbar auf die Basis des Transistors. D. h. wenn das Signal A von Null auf eine positive Spannung steigt, verursacht der Ladestrom der Kapazität einen Stromimpuls an der Transistorbasis und verringert so die Verzögerungszeit. Wenn das Signal A auf Null fällt, wird diese negative Spannungsflanke auf die Transistorbasis übertragen. Die Speicherzeit wird jedoch davon nicht berührt.

Unangenehmerweise gelangen durch den Kondensator auch Störsignale an die Transistorbasis, so daß der Störabstand in gewissem Ausmaß verkleinert wird. In vielen Fällen ist es daher angebracht, statt eines Versteilerungskondensators einen Transistor mit höherer Grenzfrequenz zu verwenden, um die Schaltzeiten zu verkleinern.

Wie wir gesehen haben, beeinflußt auch die Speicherzeit die Schaltgeschwindigkeit des Transistors. Die Speicherzeit kann man reduzieren, indem man verhindert, daß der Transistor zu stark in die Sättigung gebracht wird, d. h. indem man den Basisstrom auf einen Wert begrenzt, der gerade ausreicht, um den Transistor zu sättigen. Eine Methode,

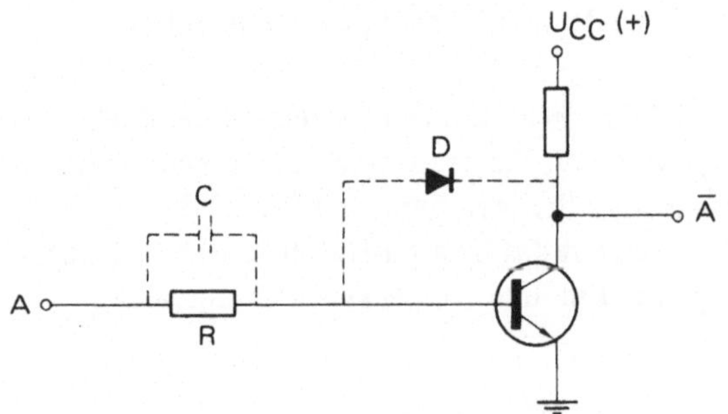

Abb. 4.13
Methoden zur Erhöhung der Schaltgeschwindigkeit eines NOT-Gatters

das zu erreichen, ist eine sogenannte *Klammerdiode* D. Die Übersteuerung erfolgt, wenn die Kollektorspannung unter die Basisspannung fällt; in diesem Fall wird die Diode D in Durchlaßrichtung gepolt und der überschüssige Basisstrom fließt über die Diode D und den Transistor zur Erde. Da die Diode nur den überschüssigen Basisstrom ableitet, ist die Speicherzeit der Diode viel geringer als die eines übersteuerten Transistors.

Im Idealfall sollte die Klammerdiode keine Speicherzeit haben, was man bei IC-Gattern mit Schottky-Dioden erreicht (s. Abschnitt 5.5).

4.14. Aktive Kollektorlasten

Ein *aktives* Schaltelement liefert Spannungs- oder Stromgewinn. Beispiele dafür sind bipolare Transistoren und Feldeffekttransistoren (s. Abschnitt 4.16). Ein passives Schaltelement liefert keinen Gewinn. Beispiele sind ohmsche Widerstände, Kapazitäten und Induktivitäten.

In der früher beschriebenen NOT-Schaltung wird ein passiver Widerstand (oft *Pull-Up-Widerstand* genannt) als Kollektorlast des Transistors verwendet. Wenn man den Strom durch diesen Widerstand ändern will, ist es notwendig, auch die Streukapazitäten dieses Widerstandes umzuladen. Wenn man den Widerstand durch eine aktive Last ersetzt, kann man auf Grund des Gewinnes dieses aktiven Elements die Änderung der Ausgangsspannung beschleunigen. Eine Art von aktiver Last zeigt Abb. 4.14. Hier umfaßt die aktive Last den Transistor TR 2 (den *Pull-Up-Transistor*) die Diode D und den Widerstand R. Die Schaltung arbeitet wie folgt.

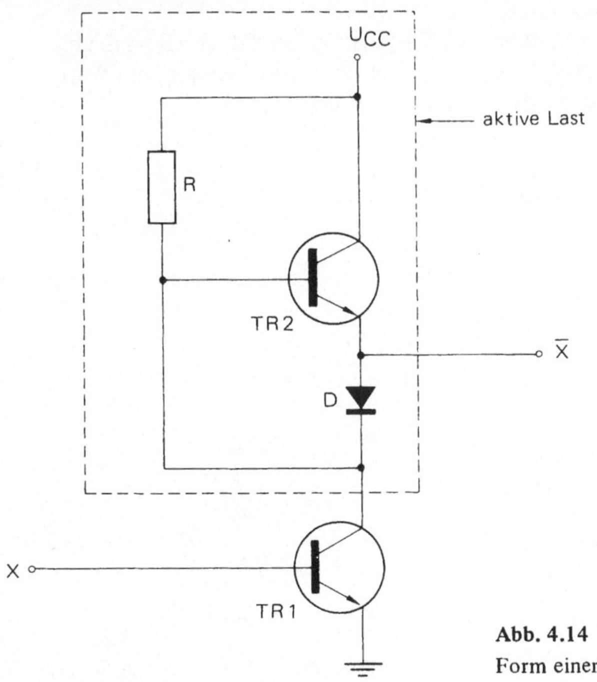

Abb. 4.14
Form einer aktiven Kollektorlast

Wenn X = *1*, dann ist der Transistor TR 1 gesättigt und die Ausgangsspannung ist LOW d. h. logisch *0*. Die Diode D in der Schaltung bewirkt, daß die Emitterspannung von TR 2 höher ist als seine Basisspannung, so daß TR 2 sperrt.

Wenn X = *0*, so ist der Transistor TR 1 im Zustand AUS, so daß die Ausgangsspannung von der Arbeitsweise der aktiven Last abhängt. Unter diesen Umständen fließt über den Widerstand R Strom in die Basis von TR 2, so daß TR 2 gesättigt wird. Der Spannungsabfall zwischen der Versorgungsspannung und dem Ausgang ist daher $U_{CE(sat)}$ von TR 2, d. h. die Ausgangsspannung liegt sehr nahe bei U_{CC}. Daraus ersehen wir, daß eine Eingangsspannung von logisch *0* einen logisch *1* Ausgang liefert, der sehr nahe bei U_{CC} liegt.

Die Diode D verhindert, daß beide Transistoren TR 1 und TR 2 gleichzeitig in den Zustand EIN gelangen. Wenn es möglich wäre, daß beide Transistoren auch für nur ein paar Nanosekunden gleichzeitig leiten, würde die entstehende Stromspitze große Störungen in der Schaltung und außerdem einen hohen Leistungsverbrauch ergeben.

4.15. Die verdrahtete ODER-Funktion

In vielen Anwendungen ist es bequem, eine logische Funktion durch die sogenannte verdrahtete ODER-Verbindung logischer Gatter, bei der die Ausgangsleitungen der Gatter miteinander verbunden sind, zu realisieren. Die prinzipielle Anordnung zeigt Abb. 4.15(a), das Schaltsymbol Abb. 4.15(b). Obwohl (b) Invertoren vom NOR-Typ zeigt, kann man diese Verbindung mit den unten angeführten Ausnahmen auch bei NAND-Gattern verwenden.

Wenn in Abb. 4.15(a) das Signal X = *1*, dann ist TR 1 gesättigt, so daß Z = *0*, unabhängig vom logischen Wert von Y. Analog gilt für Y = *1*, daß Z = *0*, unabhängig vom Wert von X. Die Wahrheitstabelle für Abb. 4.15(a) zeigt Tabelle 4.1

Tabelle 4.1

X	Y	Z
0	0	1
0	1	0
1	0	0
1	1	0

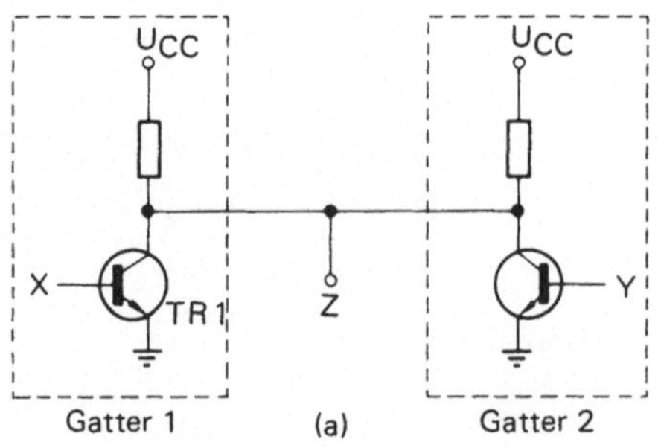

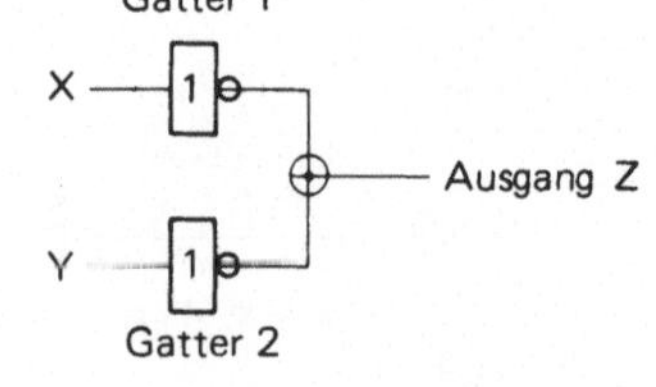

Abb. 4.15. Verdrahtete ODER-Verbindung

D. h. $Z = 1$, wenn $X = 0$ und $Y = 0$, also

$$Z = \overline{X} \cdot \overline{Y}$$

Der logische Ausgang dieser Schaltung wird also durch die Beziehung beschrieben:

Z = NOT (Signal an der Basis von TR 1) UND NOT (Signal an der Basis von TR 2).

Im allgemeinen sind die Funktionen, die an den Basen der Transistoren liegen, zusammengesetzt so daß die Gesamtfunktion ebenfalls komplexer als die oben angegebene ist. Wenn z. B. $X = A \cdot B$ und $Y = C \cdot D$, dann gilt:

$$Z = \overline{A \cdot B} \cdot \overline{C \cdot D} = (\overline{A} + \overline{B}) \cdot (\overline{C} + \overline{D})$$

Ein wichtiger Punkt in diesem Zusammenhang ist, daß beide Gatter passive Pull-Up-Widerstände verwenden. Wenn man aktive Pull-Up-Transistoren verwendet, dann besteht, wenn $X = 1$ und $Y = 0$ oder wenn $X = 0$ und $Y = 1$, ein dauernder Kurzschluß der Spannungsversorgung über die verdrahtete ODER-Verbindung. *Man verwendet daher im allgemeinen bei verdrahteten ODER-Schaltungen nur Gatter mit ohmscher Last.*

4.16. Feldeffekttransistoren mit isoliertem Gate

Feldeffekttransistoren mit isoliertem Gate (IGFET) arbeiten auf Grund des Einflusses eines elektrischen Feldes auf die Leitfähigkeit einer sehr dünnen Halbleiterschicht, die man *Kanal* nennt. Ein Querschnitt durch einen *p-Kanal-FET* mit isoliertem Gate zeigt Abb. 4.16(a). Die *Drain-Elektrode* wird auf negativem Potential in bezug auf die

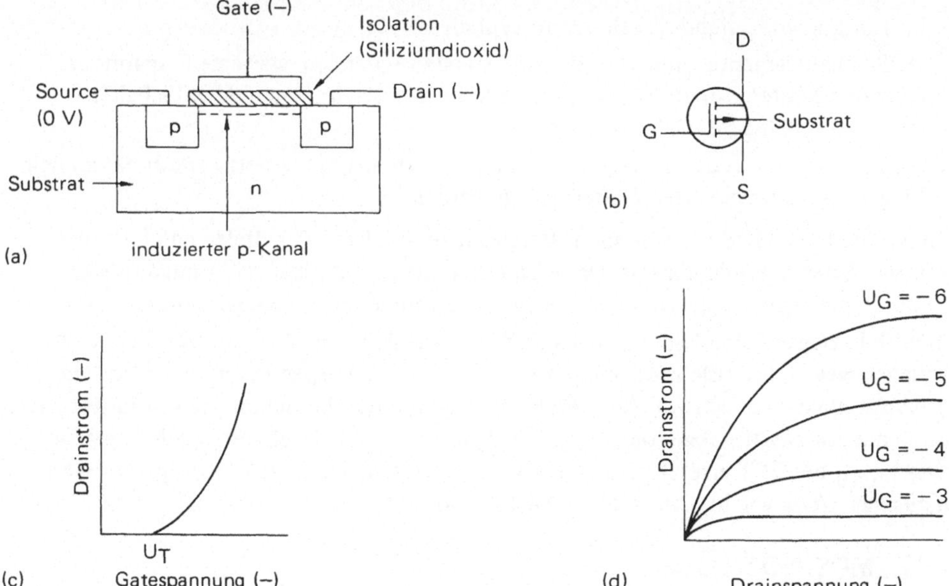

Abb. 4.16. Querschnitt eines p-Kanal-IGFET (a), sein Schaltsymbol (b), typische Gate-Kennlinie (c) und typische Kennlinien der Source-Schaltung (d)

Source-Elektrode gehalten, so daß die pn-Sperrschicht zwischen Drain und dem Substrat in Sperrichtung gepolt ist, wenn am Gatter 0 V liegt. Der Drain-Strom ist daher Null und die Sperrwirkung wird im Schaltsymbol Abb. 4.16(b) durch Unterbrechnungen in der Verbindung zwischen der Source(S)- und der Drain(D)-Elektrode gekennzeichnet. Die Herstellung dieses Schaltelements führt auch zu seiner Bezeichung MOSFET (Metal Oxide Semiconductor FET), da die Gate-Kanal-Konstruktion eine Metalloxid-Halbleiteranordnung besitzt.

Liegt am Gate negatives Potential, werden freie p-Ladungsträger (d. h. Löcher) aus dem Substrat zur Unterseite des Oxids unmittelbar unter dem Gate gezogen. Bei der sog. Schwell-Spannung U_t (threshold) hat sich eine ausreichende Anzahl von positiven Ladungsträgern an der Grenz Oxid-Halbleiter angesammelt, um einen Leitungskanal zwischen Source und Drain zu bilden. Der Wert von U_t hat typische Werte zwischen -2 V und -5 V. Dieses Verhältnisse zeigt die Charakteristik des MOSFET in Abb. 4.16(c). Wird die Spannung am Gate negativer, steigt die Leitfähigkeit des Kanals, so daß der Drainstrom zunimmt, wie Abb. 4.16(d) zeigt.

Es werden verschiedene Typen von FETs hergestellt, die größte Verbreitung bei logischen Schaltungen besitzt jedoch der oben beschriebene p-Kanal MOSFET. Die folgende Liste zeigt die Vorteile von p-Kanal-MOS (p-MOS) gegenüber bipolaren Transistoren bei der Anwendung in logischen Schaltungen.

1. MOS-Elemente sind kleiner als bipolare Transistoren, wodurch geringere Kosten pro Gatter entstehen.

2. Die Herstellung kann mit den Techniken der monolithischen, integrierten Schaltkreise erfolgen.

3. Ihr Eingangswiderstand ist sehr hoch: typisch $10^{12}\,\Omega$.

4. MOS-Schaltelemente kann man als Widerstände verwenden, was eine Ersparnis an Platz und Kosten bringt. Bei dieser Arbeitsweise bezeichnet man MOS-Schaltelemente als *Pinch-Effekt-Widerstände*.

5. Der Ausgang des steuernden Gatters kann ohne Vorspannungsnetzwerk direkt an den Eingang des angesteuerten Gatters gelegt werden.

Ein Nachteil von MOS-Elementen im Vergleich zu bipolaren Schaltelementen ist ihre geringere Schaltgeschwindigkeit. Das wird durch die Eingangskapazität mitverursacht, die durch die Oxidschicht entsteht, die das Gate vom leitenden Kanal trennt.

MOSFETs zeigen keine Ladungsspeichereffekte wie BJTs, aber sie besitzen Zeitverzögerungen wegen ihrer Elektrodenkapazitäten. Die Ausgangsspannungskurven sind im Prinzip ähnlich zu denen von Abb. 4.11 und 4.12 mit der Ausnahme, daß t_d in Abb. 4.11 durch die *Einschaltverzögerung* $t_{d(on)}$ und t_s in Abb. 4.11 durch die *Abschaltverzögerung* $t_{d(off)}$ des FET ersetzt wird. Die Abfallzeit und die Durchgangsverzögerung werden in gleicher Weise wie in Abb. 4.11 und 4.12 bestimmt.

4.17. MOS-NOT-Gatter

Abb. 4.17 zeigt ein p-MOS-NOT-Gatter, in dem TR2 als Pinch-Effekt-Widerstand verwendet wird. Die Arbeitsweise ist im Prinzip gleich der eines im Abschnitt 4.6 beschriebenen BJT-NOT-Gatters.

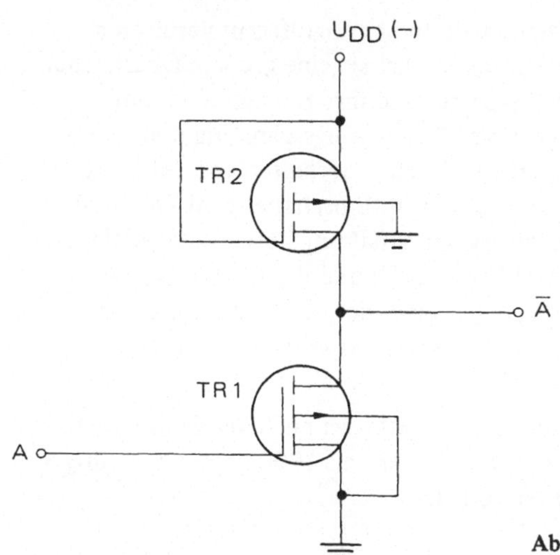

Abb. 4.17. p-Kanal-MOS-NOT-Gatter

p-MOS-Gatter benötigen eine negative Spannungsversorgung, so daß bei $U_{DD} = -20$ V die LOW-Ausgangsspannung zwischen -14 V und -11 V liegt. Die HIGH-Ausgangsspannung liegt ungefähr zwischen -2 V und -3 V. Aus Bequemlichkeitsgründen läßt man den logisch *1* Pegel durch die stärker negative Spannung darstellen, d. h. -11 V bis -14 V entspricht logisch *1*. Daraus folgt: *p-MOS-Gatter arbeiten mit negativer Logik.*

Die Grundlage für eine andere MOS-Gatterfamilie zeigt Abb. 4.18. Diese Schaltung verwendet komplementäre MOS-Transistoren, wobei TR 1 ein n-Kanal- und TR 2 ein p-Kanal-Schaltelement ist. Dieser Gattertyp ist unter COSMOS-Gatter oder CMOS-Gatter bekannt. Die prinzipiellen Vorteile von CMOS-Gattern über p-MOS Gattern sind eine

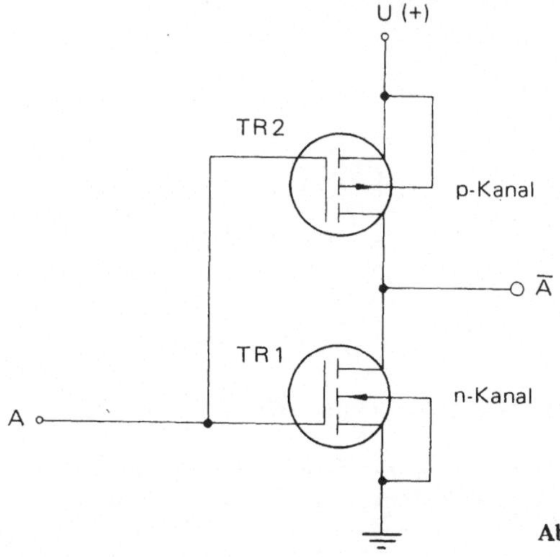

Abb. 4.18. Komplementäres MOS-NOT-Gatter

um den Faktor 2 bis 3 größere Schaltgeschwindigkeit und ein signifikant geringerer Leistungsverbrauch. Ein Nachteil der CMOS-Gatter ist, daß sie eine größere Oberfläche auf einem Halbleiter-Chip benötigen, als p-MOS-Gatter und ihre Herstellung komplizierter ist. CMOS-Gatter arbeiten mit einer positiven Versorgungsspannung und in *positiver Logik*. Ein logisch *0* Signal am Eingang verursacht ein Abschalten von TR 1 und ein Einschalten von TR 2. Ein logisch *1* Signal resultiert im Einschalten von TR 1 und Ausschalten von TR 2. Auf Grund der Arbeitsweise der Schaltung beträgt die HIGH-Ausgangsspannung fast U_{DD} (im Bereich von 3 V bis 15 V) und die LOW-Ausgangsspannung ist praktisch Null (etwa 10^{-2} V). Da jeweils einer der beiden Transistoren sperrt, ist der Leistungsverbrauch des Gatters im Ruhezustand sehr klein – typisch 10^{-8} W.

Wegen des extrem hohen Eingangswiderstandes dieser Gatter ist auch der Eingangsstrom extrem klein (typisch 10 pA). Ein Ausgangsfächer von mehr als 1000 kann bei niedrigen Arbeitsfrequenzen erreicht werden (etwa unter 10 kHz).

5. Elektronische Logikschaltkreise

In diesem Kapitel wollen wir uns mit den verbreiteten digitalen Logikfamilien beschäftigen und die wichtigen Konstruktionstechniken bei ihrer Herstellung aufzeigen. Die häufigsten Logikfamilien sind:

DRL	Dioden-Widerstands-Logik
RTL	Widerstands-Transistor-Logik
DCTL	Direkt gekoppelte Transistorlogik
DTL	Dioden-Transistor-Logik
TTL	Transistor-Transistor-Logik
ECL	Emittergekoppelte Logik
p-MOS	und
CMOS	MOS-Logik-Familien

5.1. Dioden-Widerstands-Logik (Diode-Resistor Logic, DRL)

DRL ist eine einfache Logikfamilie und spielt in heutigen Systemen eine geringe Rolle. Die verwendeten Prinzipien sind jedoch von großer Bedeutung bei *integrierten Schaltungen* (Integrated Circuit, IC).

ODER-Gatter

Ein grundlegendes ODER-Gatter mit 2 Eingängen zeigt Abb. 5.1. Es besteht aus
2 Dioden und einem Widerstand. Wenn die Eingangsschalter in den gezeigten Positio-
nen stehen, d. h. X = Y = 0, dann ist die resultierende EMK an der Schaltung 0, so
daß Z = 0.

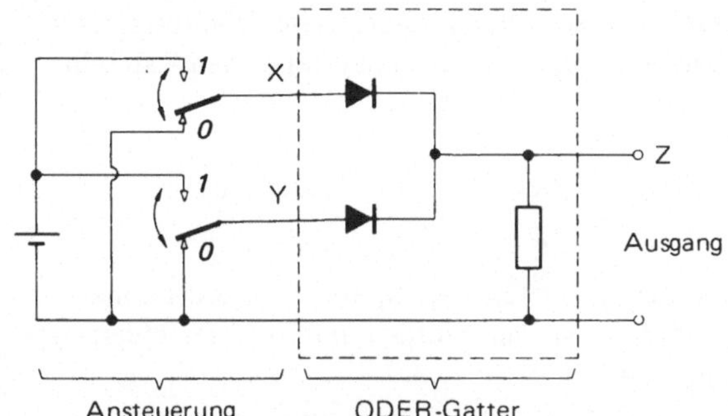

Abb. 5.1
DRL-ODER-Gatter

Wenn entweder X = 1 oder Y = 1 oder wenn beide Eingänge auf logisch 1 Pegel liegen, so
ist eine oder beide Dioden in Durchlaßrichtung gepolt, d. h. Z = 1. Diese Arbeitsweise
erfüllt die Wahrheitstabelle für die ODER-Funktion.

UND-Gatter

Wenn in Abb. 5.2 einer der beiden Eingänge in die Stellung 0 gelegt wird, so ist die zugehörige Diode in Durchlaßrichtung gepolt, wodurch der Ausgang auf Nullpotential gezogen wird.

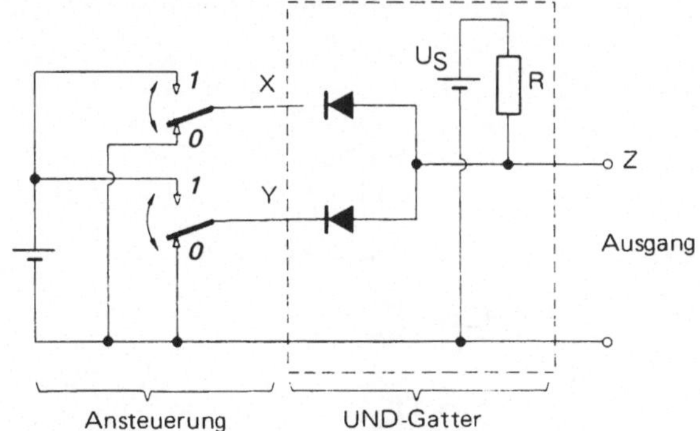

Abb. 5.2
DRL-UND-Gatter

D. h. wenn einer der beiden Eingänge logisch 0 ist, dann ist der Ausgang ebenfalls
logisch 0. Nur wenn beide Eingänge auf logisch 1 Pegel liegen, sperren die Dioden.
Wenn sich die Schaltung in diesem Zustand befindet, fällt der Strom durch R auf einen
kleinen Wert und die Ausgangsspannung steigt auf den logisch 1 Pegel.

5.2. Widerstands-Transistor-Logik (Resistor-Transistor Logic, RTL)

RTL stellt eine frühe Entwicklungsstufe in der Konstruktion digitaler Logikschaltungen dar und eine Schaltung, das NOT-Gatter, haben wir in Kapitel 4 besprochen. In dieser Familie werden bipolare NOT-Gatter in Verbindung mit DRL ODER- und UND-Gattern verwendet, so daß man NOR- und NAND-Funktionen erhält. Diese Schaltungen wurden aus diskreten Bauteilen aufgebaut und waren daher teuer. Ebenso war die Schaltgeschwindigkeit durch die damals erhältlichen Transistortypen beschränkt. Diese Schaltungen wurden daher durch die integrierten Schaltungen ersetzt, die in den folgenden Kapiteln beschrieben werden.

5.3. Direkt gekoppelte Transistorlogik (Direct Coupled Transistor Logic, DCTL)

Die in Abb. 5.3 gezeigten DCTL-Gatter waren die ersten Typen, die in monolithischen integrierten Schaltkreisen (vgl. Abschnitt 5.8) hergestellt wurden und brachten einen signifikanten Fortschritt in der digitalen Elektronik.

Das NOR-Gatter in Abb. 5.3(a) arbeitet mit der verdrahteten ODER-Verbindung zweier Transistoren und wie wir in Abschnitt 4.15 gezeigt haben, gilt für den Ausgang

$$Z = \overline{X} \cdot \overline{Y}.$$

Im Kapitel 6 (vgl. De Morgans Theorem) werden wir zeigen, daß man das in die Form bringen kann

$$Z = \overline{X + Y}$$

d. h. der Ausgang in Abb. 5.3(a) ist die NOR-Funktion der Eingänge.

Wegen der Unterschiede einzelner Transistoreingangscharakteristika ist es notwendig, die Widerstände R_1 an den Basen der beiden Transistoren vorzusehen, um den maximalen Basisstrom zu begrenzen. Andernfalls könnte *ein* Eingang den ganzen Strom aus der Treiberstufe aufnehmen.

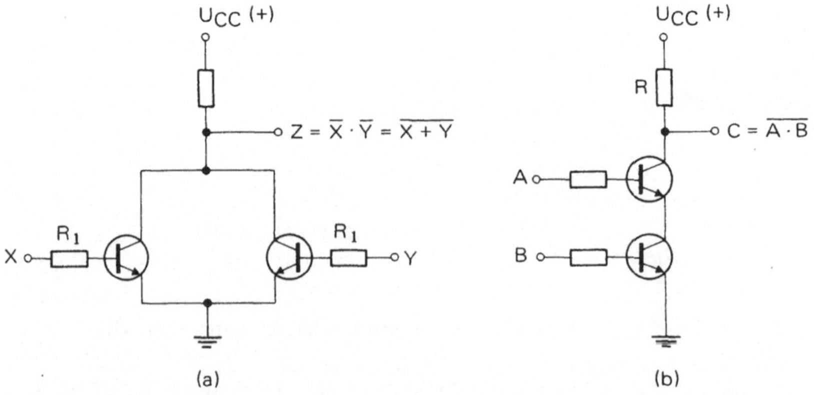

Abb. 5.3. DCTL-NOR-Gatter (a) und ein DCTL-NAND-Gatter (b)

Die NAND-Schaltung in Abb. 5.3(b) arbeitet mit zwei Transistoren in Serie. Wenn einer der beiden Transistoren sperrt, fließt kein Strom durch R und die Ausgangsspannung ist HIGH, d. h. logisch *1*. Wenn also ein Eingangssignal logisch *0* ist, dann ist der Ausgang logisch *1*. Nur wenn beide Eingangssignale logisch *1* sind, ist der Ausgang mit Masse verbunden, wodurch das Ausgangssignal logisch *0* wird.

Obwohl DCTL-Gatter heute selten verwendet werden, bilden Schaltungen nach Abb. 5.3 die Grundlage für MOS-Gatter (s. Abschnitt 5.7).

Beide Gatter aus Abb. 5.3 arbeiten als Stromsenken, da die Gatter Strom aufnehmen, wenn die Ausgangsspannung HIGH ist.

Typische Spezifikationen dieser Gatterfamilie sind:

Versorgungsspannung	3,6 V
logisch *1*	1,6 V (minimal)
logisch *0*	0,2 V
Schaltzeit	25 ns
Ausgangsfächer	5

5.4. Dioden-Transistor-Logik (DTL)

Die grundlegende Schaltung eines DTL-NAND-Gatters zeigt Abb. 5.4. Sie besteht aus einer DRL-UND-Sektion, gefolgt von einem Inverter. Die Funktion am Punkt Y ist die UND-Funktion der Eingänge A und B, die in der Transistorstufe invertiert wird.

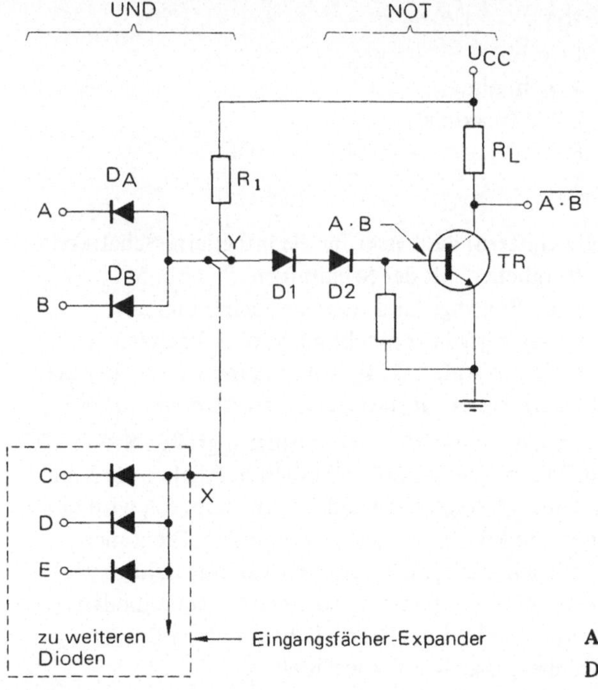

Abb. 5.4
DTL-NAND-Gatter

Der Schaltungsentwerfer muß sicherstellen, daß der Strom durch R_1 durch die Diode desjenigen Eingangs fließt, der 0 ist (D_A oder D_B) und nicht durch die Dioden D1 und D2. Wenn das nicht so wäre, würde der Basisstrom des Transistors nicht Null sein, wenn irgend ein Eingang 0 ist. Die beiden *Spannungsverschiebungsdioden* D1 und D2 in Serie mit der Basis sorgen für die notwendige Vorspannung, wenn an einem Eingang logisch 0 anliegt. Der Spannungsabfall in Durchlaßrichtung an diesen beiden Dioden zusammen mit $U_{BE(sat)}$ des Transistors muß größer sein, als die Summe des maximalen logisch 0 Pegels und des maximalen Durchlaßspannungsabfalls an D_A oder D_B.

DTL-Gatter dieser Art sind *Stromsenkengatter* nach der Definition von Abschnitt 4.7. Der treibende Transistor muß den Strom, der durch R_1 des gesteuerten Gatters fließt, ableiten.

Der Eingangsfächer der Schaltung von Abb. 5.4 kann durch einen *Diodeneingangsfächer-Expander* (strichlierter Block in Abb. 5.4) vergrößert werden. Die Verbindung der Punkte X und Y erzeugt am Punkt Y die logische Funktion $A \cdot B \cdot C \cdot D \cdot E \ldots$.

Da die Schaltung in Abb. 5.4 einen passiven Pull-Up-Widerstand R_L verwendet, kann sie in Verbindung mit Gattern derselben Familie in der verdrahteten ODER-Schaltung verwendet werden. Manche DTL-NAND-Gatter verwenden aktive Pull-Up-Lasten wie etwa in Abb. 4.14. Dieses Gatter sollte aus den in Abschnitt 4.14 angegebenen Gründen nicht in einer verdrahteten ODER-Schaltung verwendet werden.

Für die Schaltung aus Abb. 5.4 gelten folgende typische Werte.

Versorgungsspannung	6 V
Typische Störsicherheit	1,2 V
Schaltzeit	30 ns
Leistungsverbrauch/Gatter	11 mW
logisch *1*	4 V (minimal)
logisch *0*	0,4 V (maximal)
Ausgangsfächer	8
Eingangsfächer	4

Eine modifizierte Version von NAND-Gattern, die besser für die integrierte Schaltkreistechnik geeignet ist, zeigt Abb. 5.5. Verglichen mit der Schaltung nach Abb. 5.4 bietet diese Schaltung einen verbesserten Eingangs- und Ausgangsfächer und eine kürzere Schaltverzögerung. Die Leistungssteigerung erreicht man durch Ersetzen von D1 in Abb. 5.4 durch den Transistor TR1 in Abb. 5.5. In Abb. 5.5 muß das steuernde Gatter bloß den Basisstrom von TR1 aufnehmen, anstatt des Gesamtstromes durch R_1.

Bei industriellen Anwendungen ist es wünschenswert, einen möglichst großen Störabstand zu haben. Eine Version von DTL mit hoher Störsicherheit beinhaltet die Änderungen, die das gestrichelte Feld in Abb. 5.5 zeigt. Die Diode D2 in Abb. 5.5 wird entfernt und die Zusatzschaltung mit den Punkten L, M und N verbunden. Die Zenerdiode ZD sorgt für die verbesserte Störsicherheit, die einen Wert von ungefähr $(U_z + 0{,}7)$ V erreicht, wobei U_z die Durchbruchspannung von ZD ist. Zenerdioden haben eine relativ große parasitäre Kapazität und die Diode D bietet einen Entladungspfad für diese Kapazität, wenn das Eingangssignal auf 0 wechselt.

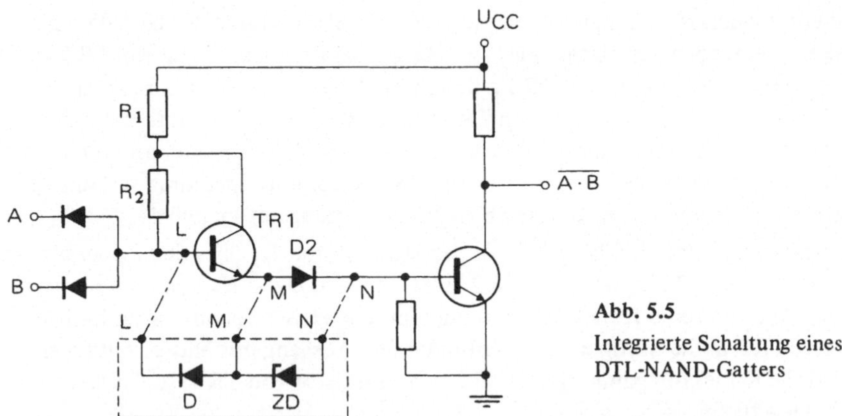

Abb. 5.5
Integrierte Schaltung eines
DTL-NAND-Gatters

Um Störungen durch Streuspannungen an nicht verwendeten Eingängen zu vermeiden, ist es üblich, diese entweder mit verwendeten Eingängen parallel zu schalten oder sie an Versorgungsspannung zu legen. Diese Methode sollte man auch bei TTL-Gattern anwenden (vgl. Abschnitt 5.5).

5.5. Transistor-Transistor-Logik (TTL)

Die Entwicklung von TTL stellt einen Bruch mit den herkömmlichen Schaltungsentwicklungen dar und wurde durch die Fortschritte in der Technologie monolithischer IC-Produktion ermöglicht. Die Grundlegende Form eines TTL-Gatters — ein NAND-Gatter — zeigt Abb. 5.6. Diese verwendet einen *Multiemittertransistor* TR1 im Eingangskreis. Der Transistor TR2 arbeitet als Phasenumkehrstufe und liefert komplementäre logische Signale an Emitter und Kollektor.

Der Transistor TR4 arbeitet als aktive Last für den Transistor TR3 und diese beiden werden durch die komplementären Ausgänge von TR2 angesteuert. Die Arbeitsweise dieser Schaltung wird im folgenden beschrieben.

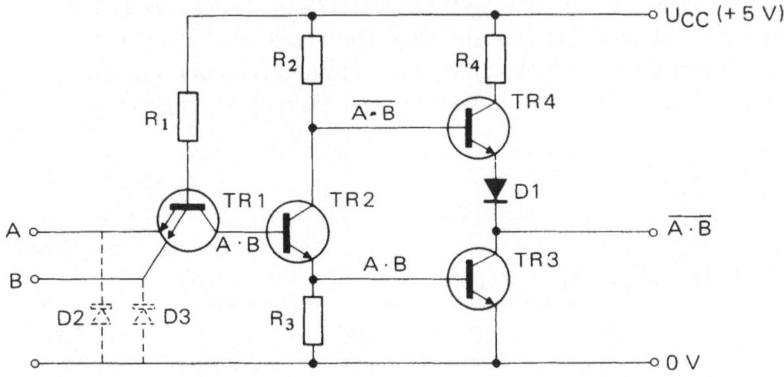

Abb. 5.6. TTL-NAND-Gatter

Wenn irgend ein Eingangssignal logisch *0* ist, so fließt der Strom durch R_1 über diesen Eingang. Der Basisemitterstrom sättigt TR 1, so daß die Kollektorspannung von TR 1 auf logisch *0* fällt, d. h. am Kollektor von TR 1 entsteht die UND-Funktion der Eingänge. Diese LOW-Spannung liegt an der Basis von TR 2 und hält diesen gesperrt, so daß seine Emitterspannung LOW ist und seine Kollektorspannung HIGH. Das wiederum sperrt TR 3 und läßt TR 4 leiten, so daß der Ausgang mit der Versorgungsspannung verbunden ist. D. h. logisch *0* an irgend einem Eingang bringt den Ausgang auf logisch *1*.

Wenn alle Eingänge auf logisch *1* liegen, fließt der Strom durch R_1 über den Kollektor von TR 1 in die Basis von TR 2, wodurch TR 2 gesättigt wird. Dadurch steigt die Emitterspannung von TR 2 und seine Kollektorspannung fällt. Die HIGH-Spannung am Emitter von TR 2 bringt TR 3 in die Sättigung und verbindet den Ausgang mit Masse. Außerdem sperrt die niedrige Kollektorspannung von TR 2 den Transistor von TR 4, so daß kein Strom durch TR 4 fließt.

Die Notwendigkeit der Diode D wird klar, wenn wir die Spannungen im Ruhezustand der Schaltung betrachten. Da bei einem Siliziumtransistor $U_{BE\,(sat)}$ bei ungefähr 0,7 V und $U_{CE\,(sat)}$ bei ungefähr 0,2 V liegen und bei Siliziumdioden der Durchlaßspannungsabfall etwa 0,7 V beträgt, ergeben sich folgende Spannungsverhältnisse, wenn alle Eingänge HIGH sind.

> an der Basis von TR 3 (Emitter von TR 2)   0,7 V
>
> an der Basis von TR 4 (Kollektor von TR 2)   0,9 V
>
> am Kollektor von TR 3   0,2 V

d. h. die Spannungsdifferenz zwischen der Basis von TR 4 und dem Kollektor von TR 3 ist nur ungefähr 0,7 V und das reicht nicht aus, um TR 4 und D 1 leitend zu halten. Wäre D 1 nicht in der Schaltung vorgesehen, würde diese Spannung jedoch ausreichen, um TR 4 leitend zu halten. Die Ausgangsschaltung von Abb. 5.6 ist wegen ihrer Gestalt unter dem Namen *Totem-Pole-Schaltung* bekannt.

Wenn sich die Ausgangsspannung von einem Pegel auf den anderen ändert, können TR 4 und TR 3 für eine kurze Zeitspanne gleichzeitig leiten, was eine Stromspitze für die Versorgung bedeutet. Der Widerstand R_4 soll diese Spitze begrenzen.

TTL-Gatter dominieren den Markt für logische ICs mit drei Grundtypen, die als leistungsarme, Standard- und schnelle TTL bekannt sind. Die Standard-Version ist die verbreitetste und der wesentliche Unterschied zwischen den drei Gruppen sind die Werte von R_1, R_2, R_3 und R_4. Die typischen Werte sind in Tabelle 5.1 angegeben.

Tabelle 5.1

	$R_1\,(k\Omega)$	$R_2\,(k\Omega)$	$R_3\,(k\Omega)$	$R_4\,(\Omega)$	Leistung (mW)	Schaltzeit (ns)
Leistungsarm	40	20	12	500	1	30
Standard	4	1,6	1	130	10	12
Schnell	2,8	0,76	0,47	58	20	3–6

Bei einer 5-V-Spannungsversorgung liegt der normale logisch *1* Pegel bei etwa 3,3 V (minimal ungefähr 2,4 V). Der maximale logisch *0* Pegel ist 0,4 V und der Ausgangs-fächer etwa 10.

Die Schaltzeiten werden hauptsächlich durch die Ladung und Entladung der Schalt-elementkapazitäten bestimmt. Um die Ladungs- und Entladungsprozesse zu beschleu-nigen, müssen die Transistoren einen höheren Strom führen, was man durch Verkleine-rung der Widerstandswerte erreicht.

Die Schaltgeschwindigkeit kann auch durch Klammermethoden, die den Ausgangstran-sistor daran hindern, zu stark in die Sättigung zu gehen, erhöht werden. Eine früher er-wähnte Methode ist eine Klammerdiode zwischen der Basis und dem Kollektor (s. Ab-schnitt 4.13). Eine Schottky-Diode (s. Abschnitt 4.4) wird zwischen Metall und dem n-Silizium der Kollektorregion des Transistors formiert, wobei die Kollektorregion als Kathode der Diode dient. Die Arbeitsweise der Schottky-Diode ist temperaturabhängig: mit steigender Temperatur fällt die Wirksamkeit der Schottky-Klammer und der Tran-sistor wird stärker gesättigt. Darüberhinaus ist die Störsicherheit von Schottky-geklam-merten Gattern geringer als die anderer TTL-Gatter. Trotzdem überwiegen die Vorteile von Schottky-geklammerten Dioden diese Nachteile von verringerten Störsicherheit und thermischen Effekten.

Die sehr kurzen Anstiegs- und Abfallzeiten von TTL-Gattern (ungefähr 1,5 ns/V) ver-ursachen manches Mal Schwingungen in der Ausgangsspannung. Unter Umständen können am Eingang eines gesteuerten Gatters Spannungsspitzen von mehr als -2 V liegen. Eine gängige Lösung für dieses Problem ist die Verwendung von *Spannungsfang-dioden* D2 und D3 in Abb. 4.6. Auf jeder längeren Leitung können Reflexionen auf-treten, wenn die Anstiegs- oder Abfallzeit der sich fortpflanzenden Welle in die Größen-ordnung der Zeit kommt, die das Signal benötigt, um über diese Leitung zu gelangen. Ein elektrisches Signal pflanzt sich mit der Geschwindigkeit von etwa 0,3 m/ns fort, und da die Anstiegszeit eines TTL-Gatters etwa 5 ns beträgt, muß eine Leitung in TTL-Systemen als elektrisch lang gelten, wenn sie länger als etwa 1,5 m lang ist.

Wie bei DTL-Netzen sollten auch bei TTL-Netzwerken nicht benutzte Eingänge ent-weder mit der Versorgungsspannung verbunden oder parallel zu anderen Eingängen geschaltet werden, um fehlerhaftes Schalten durch Streuspannungen an diesen Ein-gängen zu verhindern.

Das grundlegende TTL-Gatter von Abb. 5.6 kann wegen der aktiven Last TR4 nicht in verdrahteten ODER-Schaltungen verwendet werden. Spezielle Typen von *offenen Kollektor-TTL-Gattern*, in denen R_4, TR4 und D1 weggelassen werden, werden herge-stellt und können zusammen mit einem externen Widerstand in der verdrahteten ODER-Konfiguration angewendet werden.

Die typische Übergangscharakteristik eines TTL-Gatters zeigt Abb. 5.7. Bei einer 5 V Versorgungsspannung beträgt der logisch *1* Ausgang konstant etwa 3,3 V, bis die Ein-gangsspannung etwa 0,7 V (Punkt A) erreicht. In diesem Punkt beginnt TR2 in Abb. 5.6 zu leiten, aber TR3 führt noch keinen Strom. Zwischen den Punkten A und B auf der Charakteristik arbeitet TR2 als Teil eines Verstärkers mit einem Gewinn von $-R2/R3$ (d.h. ungefähr $-1,6$ für das Standard-Gatter). Wenn die Eingangsspannung

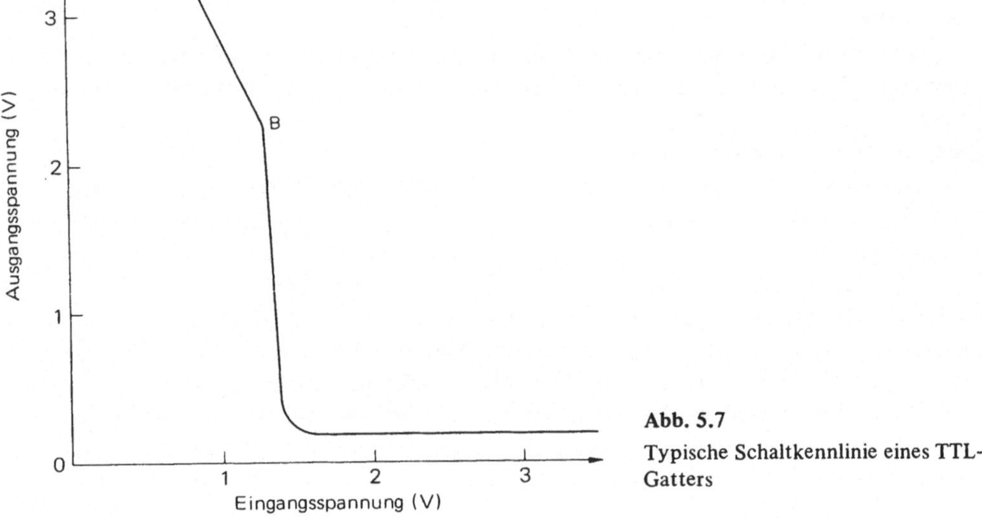

Abb. 5.7
Typische Schaltkennlinie eines TTL-Gatters

1,4 V erreicht (bei Punkt B), beginnt TR 3 zu leiten und die Ausgangsspannung fällt sehr schnell auf $U_{CE\,(sat)} \approx 0,2$ V.

Eine andere Version von TTL ist die sogenannte *Tri-State-TTL*, die außer den üblichen Eingängen einen zusätzlichen Steuereingang besitzt, der es ermöglicht, den Ausgangswiderstand des Gatters auf einen hohen Wert (typisch 125 kΩ) zu schalten. Damit können mehrere Tri-State Ausgänge direkt miteinander verbunden werden, wenn sichergestellt ist, daß nur jeweils einer aktiviert ist. Dadurch wird eine Auswahlmöglichkeit zwischen mehreren Ausgängen geschaffen, die an einer Sammelleitung (BUS) liegen.

5.6. Emittergekoppelte Logik (ECL)

Die Zeitverzögerungen auf Grund von Ladungsspeicherung in den bis jetzt beschriebenen Logik-Gattern kann man dadurch vermeiden, daß man verhindert, daß die Transistoren in Sättigung gehen. Die ECL-Gatterfamilie — ein typisches ODER/NOR-Gatter zeigt Abb. 5.8 — wurde auf Grund dieses Gedankens entwickelt. Die Schaltzeit dieser Gatterfamilie ist typisch kleiner als 2,5 ns und der Ausgangsfächer beträgt 30. Ihre Nachteile beinhalten einen hohen Leistungsverbrauch per Gatter (etwa 60 mW) und hohe Temperaturabhängigkeit.

Die Grundlage dieser Schaltung ist ein nicht gesättigter, emittergekoppelter Verstärker in 2 Stufen, der rechte Abschnitt enthält TR 3 und der linke Abschnitt TR 1 und TR 2. Der Wert von R_E ist groß im Vergleich zu R_1 und R_2, so daß der Strom durch den emittergekoppelten Verstärker hauptsächlich durch den Wert von R_E gegeben ist. Die Basis von TR 3 wird mit einer Referenzspannung U_R von etwa $-1,15$ V versorgt. Die Schaltung arbeitet mit positiver Logik, wobei logisch *1* einem Ausgang von $-0,75$ V

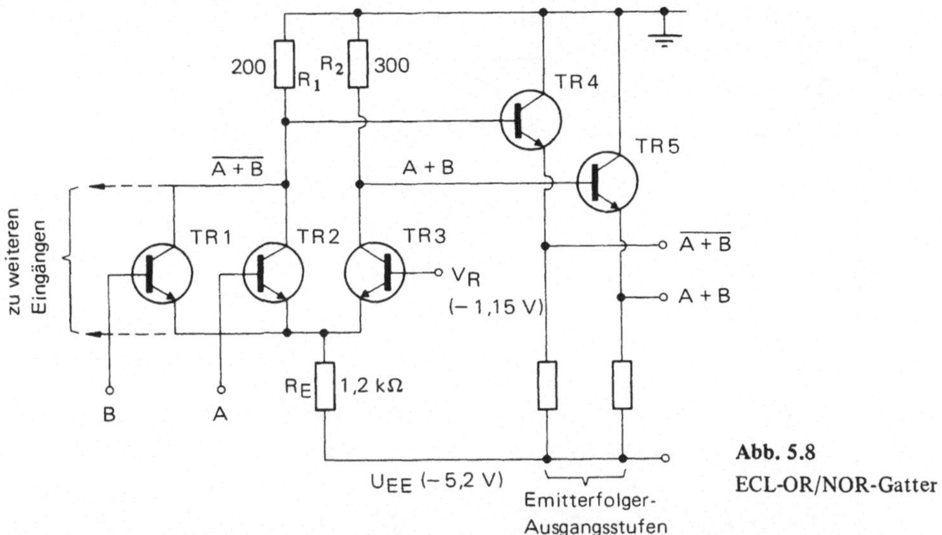

Abb. 5.8

ECL-OR/NOR-Gatter

und logisch *0* einem Ausgang von $-1,55$ V entspricht, was einem Spannungshub von etwa 0,8 V zwischen den beiden Pegeln ergibt. D. h. wenn A = B = 0, dann hat der Strom durch R_1 seinen kleinsten und der durch R_2 den größten Wert. Wenn einer oder beide der Eingänge logisch *1* sind, steigt der Strom durch R_1 und der durch R_2 fällt. Da TR1 und TR2 durch eine verdrahtete ODER-Schaltung verbunden sind, liegt am Ausgang des Kollektors von TR1 $\overline{A} \cdot \overline{B}$ und das ist nach dem Satz von *De Morgan* $\overline{A + B}$ und das ist die NOR-Funktion der Eingänge. Außerdem ergibt sich am Kollektor von TR3 A + B.

Die Emitterfolgerstufe aus TR4 und TR5 erfüllt zwei Aufgaben. Erstens liefert sie einen kleinen Ausgangswiderstand, was einen großen Ausgangsfächer bedeutet und zweitens liefert der Spannungsabfall U_{BE} an TR4 und TR5 die richtigen Ausgangsspannungen zum Ansteuern weiterer Stufen.

Folgende Werte sind typisch für ein ECL-ODER/NOR-Gatter.

Versorgungsspannung (U_{EE})	$-5,2$ V
logisch *1*	$-0,75$ V
logisch *0*	$-1,55$ V
Ausgangsfächer	25
Schaltzeit	2 ns

Andere Namen für ECL sind Current Mode Logic (CML), Emitter-Emitter-gekoppelte Logik (E^2CL) und Emittergekoppelte Transistorlogik (ECTL).

5.7. MOS-Logik Gatter

Abb. 5.9(a) zeigt ein p-MOS-NOR-Gatter mit zwei Eingängen, das mit zwei MOSFETs in der verdrahteten ODER-Verbindung arbeitet und Abb. 5.9(b) zeigt ein NAND-Gatter

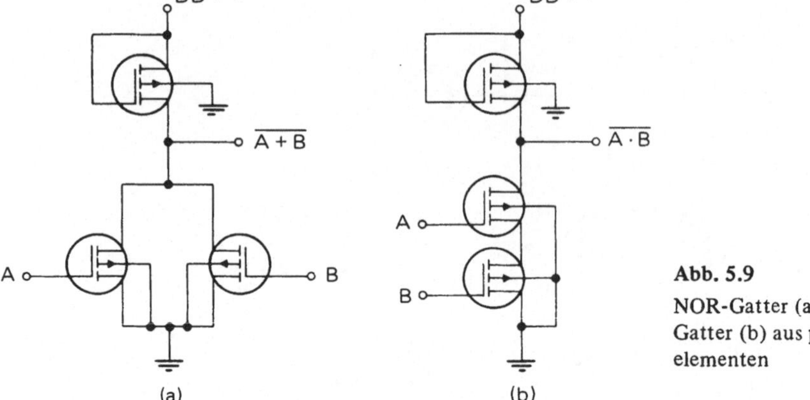

Abb. 5.9

NOR-Gatter (a) und NAND-Gatter (b) aus p-Kanal-Schaltelementen

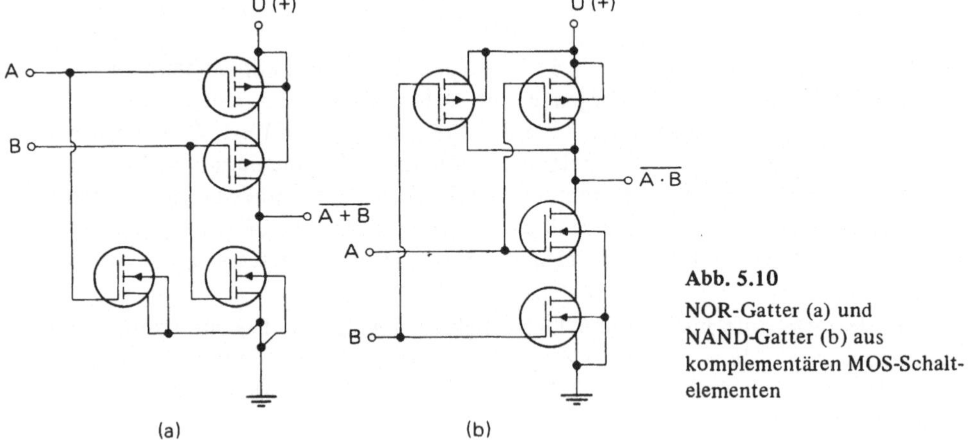

Abb. 5.10

NOR-Gatter (a) und NAND-Gatter (b) aus komplementären MOS-Schaltelementen

mit 2 Eingängen mit einer Serienschaltung zweier FETs. Diese Schaltungen arbeiten in negativer Logik, im übrigen ist ihre Arbeitsweise ähnlich zu DCTL-Gattern, die in Abschnitt 5.3 beschrieben wurden. Bei einer Drain-Versorgungsspannung U_{DD} von -20 V zeigt die folgende Tabelle typische Werte für p-MOS-Gatter.

Schaltzeit	100 ns
Leistungsverbrauch/Gatter	7 mW für logisch 0 Ausgang 0 mW für logisch 1 Ausgang
logisch 1	-11 V (maximal)
logisch 0	$-\ 3$ V (minimal)

Die Schaltung in Abb. 5.10(a) ist ein CMOS-NOR-Gatter mit 2 Eingängen und die in Abb. 5.10(b) zeigt ein CMOS-NAND-Gatter mit 2 Eingängen, beide in positiver Logik arbeitend. Wie in Kap. 4 ausgeführt, bringt die Verwendung von n-Kanal Elementen eine

Verringerung der Schaltzeit und eine doppelte Arbeitsfrequenz von CMOS-Elementen im Vergleich mit p-MOS-Schaltelementen.

CMOS-Gatter arbeiten über einen großen Bereich der Versorgungsspannung, etwa 3 bis 15 V. Aus diesem Grund kann man CMOS-Gatter auch von der gleichen Spannungsversorgung wie TTL- und DTL-Systeme betreiben. Der Störabstand von CMOS beträgt etwa 0,45 U_{DD}. Die folgende Tabelle gilt für eine spezielle CMOS-Familie, die mit 5 V versorgt wird.

Störabstand	2,25 V
Schaltzeit	40 ns
Leistungsverbrauch/Gatter	5 nW
logisch *1*	4,99 V (minimal)
logisch *0*	0,01 V (maximal)

Der extrem niedrige Leistungsverbrauch im Ruhezustand kommt daher, daß die p-Kanal Elemente nur dann leiten, wenn die n-Kanal Elemente sperren und umgekehrt. D.h. der Ausgangsfächer ist groß, da die Stromaufnahme eines angesteuerten Gatters nur bei etwa 10 pA liegt.

5.8. Konstruktion monolithischer integrierter Schaltkreise

Integrierte Schaltkreise der elektronischen Logik werden üblicherweise aus Silizium in der sog. *monolithischen Planarform* erzeugt. D.h. sie werden aus einem Scheibchen Silizium in flacher oder ebener Form hergestellt und benötigen üblicherweise keine externen Schaltelemente. Der Querschnitt in Abb. 5.11(b) zeigt z.B. die bipolare Schaltung aus Abb. 5.11(a) in monolithischer Form.

In der Folge wird eine vereinfachte Version des Konstruktionsverfahrens für ein Gatter nach Abb. 5.11 angegeben. Zunächst wird das Silizium in gereinigter Form zu einem

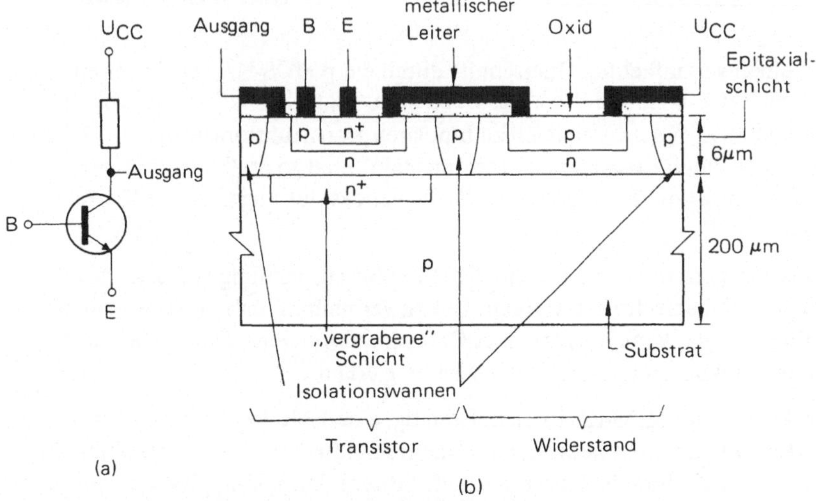

Abb. 5.11. Monolithische integrierte Schaltung

zylindrischen Stab geformt, der dann in *Scheibchen* mit etwa 200 μm Dicke geschnitten wird. Zum Vergleich beträgt die Papierdicke dieses Buches ungefähr 100 μm. Dieses Scheibchen bildet das *Substrat* des IC und ist aus p-Halbleitermaterial.

Eine n^+-Schicht wird dann in einem speziellen Verfahren in das Substrat *eindiffundiert* und diese Schicht wird dann mit einer n-Typ *epitaxialen Schicht* bedeckt (d. h. wird darüber gebildet). Das n^+ Symbol bedeutet, daß die Verunreinigungsdotation der n^+-Region höher ist als in einem üblichen n-Material: das resultiert darin, daß die n^+-Region eine größere Leitfähigkeit als eine normale n-Region besitzt. Diese stark leitfähige Schicht dient dazu, die Sättigungsspannung $U_{CE(sat)}$ des Transistors zu reduzieren. Eine n-Typ-Epitaxialschicht wird dann auf dem Substrat gezogen und in dieser Schicht der komplette IC konstruiert. Der nächste Schritt ist die Diffusion von p-Regionen, die die Isolation zwischen den Schaltelementen bilden. Bei bipolaren ICs müssen relativ komplizierte Vorgänge durchgeführt werden, um die Isolation zwischen den einzelnen Schaltelementen sicherzustellen. Eine weitere p-Diffusion folgt, um die Basis des Transistors und den Körper des Pull-Up-Widerstandes zu bilden. Eine abschließende n^+-Diffusion bildet den Emitter des Transistors. Die gesamte Oberfläche wird dann mit einer dünnen Glasisolationsschicht (Siliziumdioxid) bedeckt, in die Fenster geätzt werden, in denen Aluminium-Verbindungen zu den Elektroden hergestellt werden.

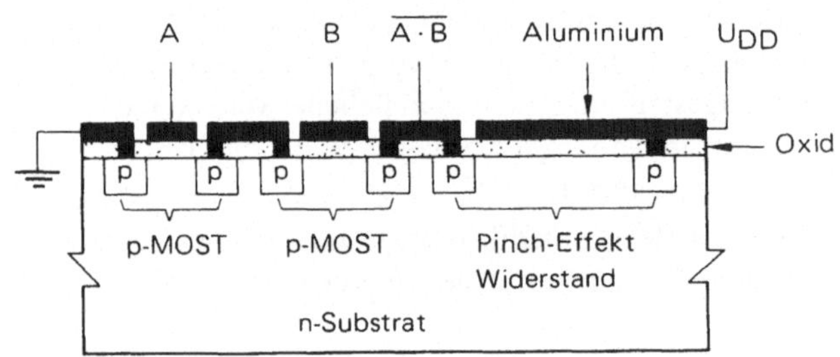

Abb. 5.12
Integrierter MOS-Schaltkreis

Abb. 5.12 zeigt einen vereinfachten Querschnitt durch ein p-MOS-NAND-Gatter entsprechend der Schaltung in Abb. 5.9(b). Das Diagramm zeigt die relative Einfachheit der Herstellung von MOS ICs im Vergleich zu bipolaren Konstruktionen. In Abb. 5.12 ist die Kanallänge des Pinch-Effekt-Transistors ungefähr 3mal so groß wie die eines Transistors. Außerdem ist die Kanalbreite des Widerstandes nur ungefähr ein Viertel von der eines Transistors.

Da die Gate-Isolation extrem dünn ist, kann die Durchbruchspannung von etwa 100 V im normalen Gebrauch überschritten werden. Um zu verhindern, daß diese zerstörende Spannung zufällig anliegen kann, besitzt jedes Gate eine *Gateschutz-Diode*, die das Abfließen der in der Gatekapazität gespeicherten Ladung erlaubt.

Bei der Konstruktion von CMOS-ICs ist es notwendig, eine Isolation zwischen den p-Kanal- und n-Kanal-Elementen herzustellen. Dadurch reduziert sich die Bauteildichte auf der Oberfläche des IC. Eine Isolationsmethode besteht darin, eine „Wanne" aus p-Material in das Substrat einzudiffundieren, in der die n-Kanalelemente erzeugt werden.

5.9. LSI, MSI und SSI

Die Ausdrücke Large Scale Integration (LSI, hohe Bauteildichte), Medium Scale
Integration (MSI, mittlere Bauteildichte) und Small Scale Integration (SSI, geringe Bauteildichte) sind heute sehr verbreitet und beziehen sich auf die Anzahl von Gattern auf
einem einzelnen IC. Die Ausdrücke sind nicht präzise definiert und die folgende Definition ist in allgemeiner Verwendung.

LSI   mehr als 100 Gatter
MSI   zwischen 10 und 100 Gattern
SSI   bis 10 Gatter

5.10. IC-Gehäuse

Monolithische ICs werden in 3 Gehäusen hergestellt:

1. TO-5-Gehäuse
2. Flatpacks
3. Plastikgekapselte Dual-In-Linie-(DIL)-Gehäuse

Die Abbildungen 5.13(a), (b) und (c) zeigen Skizzen der Typen entsprechend 1., 2.
und 3.

Flatpacks und TO-5-Gehäuse sind hermetisch abgeschlossen und können in einem
Temperaturbereich von − 55° bis 125 °C arbeiten und werden hauptsächlich wegen
geringen Platzbedarfes und geringen Gewichtes verwendet. Die Plastik DIL-Gehäuse
sind kostengünstig herzustellen und werden in großer Mehrheit in industriellen und
kommerziellen Anwendungen angewandt. Die übliche Bauteilserie in DIL-Gehäusen
arbeitet im Temperaturbereich zwischen 0° und 70 °C und einige Typen können auch
im vorher angegebenen größeren Temperaturbereich verwendet werden.

Die häufigste Anwendung findet das DIL-Gehäuse mit 14 Anschlüssen, auf jeder Seite 7,
mit einer jeweiligen Entfernung der Stife von 2,5 mm (0,1 in). Zwei davon dienen zur
Spannungsversorgung, so daß 12 für Ein- und Ausgangsdaten bleiben. Ein sehr weit ver-
breiteter Baustein mit 14 Anschlüssen ist das SN 7400N (oder FJH 131) TTL-Vierfach-
NAND-Gatter mit je 2 Eingängen, dessen Anschlüsse Abb. 5.14 zeigt.

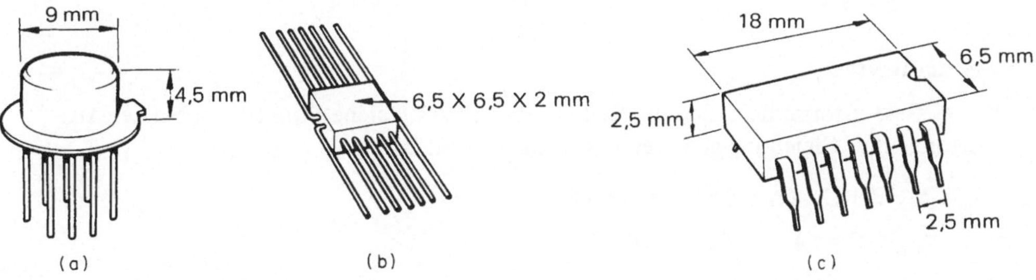

Abb. 5.13   Bauformen integrierter Schaltkreise

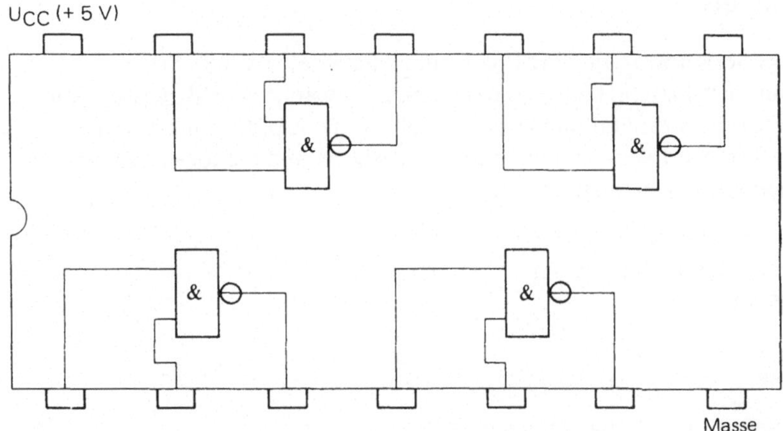

Abb. 5.14. 4fach NAND im DIL-Gehäuse

6. Die logische Algebra

6.1. Die Gesetze der Logik

Um Aussagen auf ihre Wahrheit zu prüfen, stellen wir zuerst einige Regeln oder Gesetze auf. Die wichtigsten Gesetze werden jetzt angeführt.

Kommutativgesetz

Dieses Gesetz sagt aus, daß die Reihenfolge, in der Ausdrücke oder Variablen in einer Gleichung auftreten, irrelevant ist.

$$A + B = B + A$$

$$A \cdot B = B \cdot A$$

Assoziativgesetz

Dieses Gesetz formuliert, daß die Reihenfolge, in der gleiche Funktionen bei der Auswertung einer Gleichung gebildet werden, irrelevant ist.

$$A + B + C = (A + B) + C = A + (B + C)$$

$$A \cdot B \cdot C = (A \cdot B) \cdot C = A \cdot (B \cdot C)$$

Anmerkung: Man beachte jedoch, daß $A + B \cdot (C + D)$ nicht gleich ist $(A + B) \cdot (C + D)$, jedoch gleich ist mit $A + (C + D) \cdot B$.

Distributivgesetze

$$A + (B \cdot C \cdot D \ldots) = (A + B) \cdot (A + C) \cdot (A + D) \cdot \ldots$$

$$A \cdot (B + C + D + \ldots) = A \cdot B + A \cdot C + A \cdot D + \ldots$$

Das erste Gesetz liefert Ausdrücke als *Produkte von Summen* und das zweite liefert die *Summe von Produkten.*

6.2. Logische Sätze

Das Gesetz von De Morgan

Dieses Gesetz sagt aus, daß man das logische Komplement einer Funktion erhält, wenn man erstens jeden Ausdruck logisch invertiert und zweitens Punkte durch Plus-Zeichen und umgekehrt ersetzt z. B.

$$\overline{A \cdot B \cdot C} = \overline{A} + \overline{B} + \overline{C}$$

$$\overline{A + B + C} = \overline{A} \cdot \overline{B} \cdot \overline{C}$$

Anmerkung: Wenn wir die 2. Form des Gesetzes auf das DCTL-Gatter von Abb. 5.3(a) anwenden, erkennen wir, daß dieses die NOR-Funktion erzeugt. Diese Bemerkung gilt auch für Abb. 5.9(a).

Andere nützliche Sätze:

1.	$A + 0 = A$	6.	$A \cdot 1 = A$
2.	$A + 1 = 1$	7.	$A \cdot A = A$
3.	$A + A = A$	8.	$A \cdot \overline{A} = 0$
4.	$A + \overline{A} = 1$	9.	$\overline{\overline{A}} = A$
5.	$A \cdot 0 = 0$		

6.3. Anwendung der logischen Gesetze

Eine grundlegende Anwendung der Regeln und oben angeführten Sätze ist die *Analyse* und *Vereinfachung* logischer Ausdrücke. Nach so einer Analyse kann man ein logisches Netzwerk konstruieren oder *synthetisieren.* Netzwerksynthese wird in Kapitel 7 beschrieben. Die folgenden Beispiele zeigen die Anwendung der Gesetze.

Beispiel 6.1

Signale von Sensoren A, B und C eines Sicherheitssystems sollen die Anwesenheit eines Einbrechers anzeigen, wenn folgende logische Bedingung erfüllt ist.

$$f = A \cdot B \cdot C + A \cdot \overline{B} \cdot C + A \cdot B \cdot \overline{C}$$

Man vereinfache den Ausdruck für f.

Lösung 6.1

Die Gleichung sagt aus, daß ein Alarmsignal ausgelöst werden soll, wenn eine, zwei oder alle der drei logischen Gruppierungen auf der rechten Seite der Gleichung erfüllt sind.

Bei näherer Betrachtung der Ausdrücke in der Gleichung erkennen wir, daß der Ausdruck $A \cdot B$ in der 1. und in der 3. Gruppe auftritt. Wir wollen daher zuerst durch Anwendung des Kommutativgesetzes gleiche Ausdrücke zusammenbringen und dann das Distributivgesetz wie folgt anwenden:

$$f = A \cdot B \cdot C + A \cdot B \cdot \overline{C} + A \cdot \overline{B} + C \qquad \text{(Kommutativgesetz)}$$
$$ = A \cdot B \cdot (C + \overline{C}) + A \cdot \overline{B} \cdot C \qquad \text{(Distributivgesetz)}$$

Mit Hilfe von Satz 4 vereinfachen wir den 1. Ausdruck der Gleichung:

$$f = A \cdot B \cdot 1 + A \cdot \overline{B} \cdot C \quad \text{(Satz 4)}$$

Durch Anwendung von Satz 6 erhalten wir:

$$f = A \cdot B + A \cdot \overline{B} \cdot C$$

Aus der 2. Form des Distributivgesetzes erkennen wir weiter:

$$f = A \cdot (B + \overline{B} \cdot C) \tag{6.1}$$

Das ist eine mögliche Lösungsform.

Eine andere Form erhält man aus der Tatsache, daß der Ausdruck $A \cdot B$ in der 1. und 2. Gruppe der Originalgleichung auftritt. Die Gleichung kann man daher folgendermaßen vereinfachen:

$$f = A \cdot C \cdot B + A \cdot C \cdot \overline{B} + A \cdot B \cdot \overline{C} \qquad \text{(2-fache Anwendung des Kommutativgesetzes)}$$
$$ = A \cdot C \cdot (B + \overline{B}) + A \cdot B \cdot \overline{C} \qquad \text{(Distributivgesetz)}$$
$$ = A \cdot C \cdot 1 + A \cdot B \cdot \overline{C} \qquad \text{(Satz 4)}$$
$$ = A \cdot C + A \cdot B \cdot \overline{C} \qquad \text{(Satz 6)}$$
$$ = A \cdot (C + B \cdot \overline{C}) \tag{6.2}$$

Obwohl sich die Gleichung (6.1) und (6.2) leicht unterschieden, repräsentieren sie dennoch die ursprüngliche Gleichung.

Bei den obigen Lösungen haben wir verschiedene Teile des Ausdrucks $A \cdot B \cdot C$ bei der Vereinfachung verwendet. Das führt uns zu einer anderen Form der Vereinfachung, bei der wir Satz 3 in verkehrter Richtung anwenden:

$$A \cdot B \cdot C = A \cdot B \cdot C + A \cdot B \cdot C$$

Durch Einsetzen in die Originalgleichung erhalten wir

$$f = A \cdot B \cdot C + A \cdot B \cdot C + A \cdot \overline{B} \cdot C + A \cdot B \cdot \overline{C} \qquad \text{(Satz 3)}$$
$$ = (A \cdot B \cdot C + A \cdot B \cdot \overline{C}) + A \cdot B \cdot C + A \cdot \overline{B} \cdot C \qquad \text{(Kommutativgesetz)}$$
$$ = A \cdot B \cdot (C + \overline{C}) + A \cdot C \cdot (B + \overline{B}) \qquad \text{(Distributivgesetz)}$$
$$ = A \cdot B \cdot 1 + A \cdot C \cdot 1 \qquad \text{(Satz 4)}$$
$$ = A \cdot B + A \cdot C \qquad \text{(Satz 6)}$$
$$ = A \cdot (B + C) \qquad \text{(Distributivgesetz)}$$

Wir haben wieder eine Lösung erreicht, die sich von den Gleichungen (6.1) und (6.2) unterscheidet. Diese zuletzt erhaltene Lösung ist die *Minimallösung* im Sinne der logischen Algebra. Das Prädikat „Minimallösung" kann man natürlich in verschiedener Weise interpretieren und die Minimallösung im Sinne der logischen Algebra ist nicht notwendigerweise die beste Lösung vom schaltungstechnischen Standpunkt. Obwohl die 3. Version der reduzierten Originalgleichung ihren günstigsten algebraischen Ausdrück darstellt, so bleibt dennoch zu zeigen, ob es die beste Lösung in bezug auf benötigte IC-Bauelemente oder in bezug auf Anzahl und Länge der Verbindungen oder in bezug auf Arbeitsgeschwindigkeit oder in bezug auf Gesamtkosten dargestellt. Die ausgewählte Lösung stellt oft einen Kompromiß zwischen diesen Faktoren dar.

Beispiel 6.2

Messungen an einer integrierten Schaltung haben ergeben, daß sie die folgende Tabelle erfüllt. Man bestimme die logische Funktion, die der IC erfüllt, und vereinfache den Ausdruck so weit wie möglich:

Eingänge			Ausgang	Eingänge			Ausgang
A	B	C	X	A	B	C	X
0	0	0	0	1	0	0	0
0	0	1	0	1	0	1	1
0	1	0	1	1	1	0	1
0	1	1	0	1	1	1	1

Lösung 6.2

Eine Methode, die Funktion abzuleiten, besteht darin, eine Gleichung anzuschreiben, die genau *alle* Zustände berücksichtigt, die *1* am Ausgang liefern. Der erste Zustand steht in der 3. Zeile, wenn

$$A = 0 \text{ (d. h. } \overline{A} = 1 \text{)} \quad \text{und} \quad B = 1 \quad \text{und} \quad C = 0 \text{ (d. h. } \overline{C} = 1 \text{)}.$$

Das heißt $X = 1$, wenn am Eingang die Bedingung $\overline{A} \cdot B \cdot \overline{C} = 1$ erfüllt ist. Wenn wir die Liste abarbeiten, sehen wir, daß $X = 1$ gilt, wenn die Zustände $A \cdot \overline{B} \cdot C$, $A \cdot B \cdot \overline{C}$ oder $A \cdot B \cdot C$ vorliegen. Das kann man in logischer Notation folgendermaßen anschreiben:

$$X = \overline{A} \cdot B \cdot \overline{C} + A \cdot \overline{B} \cdot C + A \cdot B \cdot \overline{C} + A \cdot B \cdot C$$

Dieser Ausdruck ist vollständig, aber noch nicht minimiert. Zum Minimieren fassen wir gleiche Ausdrücke so weit wie möglich zusammen. Das geschieht durch Gruppierung des 1. und 3. und des 2. und 4. Ausdrucks.

$$X = (\overline{A} \cdot B \cdot \overline{C} + A \cdot B \cdot \overline{C}) + (A \cdot \overline{B} \cdot C + A \cdot B \cdot C)$$
$$= B \cdot \overline{C} \cdot (\overline{A} + A) + A \cdot C \cdot (\overline{B} + B) =$$
$$= B \cdot \overline{C} + A \cdot C. \tag{6.3}$$

Gleichung (6.3) ist eine Minimalform, die die obige Wahrheitstabelle erfüllt.

Eine andere Möglichkeit besteht darin, *alle* Einsen in der Wahrheitstabelle als *Nicht-Nullen* zu betrachten. Da die Einser in der Wahrheitstabelle X definieren, legen die Nullen in der Wahrheitstabelle die Funktion $\overline{X}$ fest, so daß

$$\overline{X} = \overline{A} \cdot \overline{B} \cdot \overline{C} + \overline{A} \cdot \overline{B} \cdot C + \overline{A} \cdot B \cdot C + A \cdot \overline{B} \cdot \overline{C}$$

Durch Zusammenfassen des 1. und 4. und des 2. und 3. Ausdruckes erhalten wir

$$\overline{X} = (\overline{A} \cdot \overline{B} \cdot \overline{C} + A \cdot \overline{B} \cdot \overline{C}) + (\overline{A} \cdot \overline{B} \cdot C + \overline{A} \cdot B \cdot C)$$
$$= \overline{B} \cdot \overline{C} \cdot (\overline{A} + A) + \overline{A} \cdot C \cdot (\overline{B} + B)$$
$$= \overline{B} \cdot \overline{C} + \overline{A} \cdot C \tag{6.4}$$

Nach Satz 9 gilt $\overline{\overline{X}} = X$ und wenn wir beide Seiten der Gleichung (6.4) negieren, erhalten wir eine Gleichung für X der Form

$$X = \overline{\overline{X}} = \overline{\overline{B} \cdot \overline{C} + \overline{A} \cdot C} \tag{6.5}$$

Gleichung (6.5) ist eine andere Minimalform der Originalgleichung. Obwohl sich die Gleichungen (6.4) und (6.5) im Aussehen unterscheiden, sind sie tatsächlich äquivalent, wie wir im folgenden zeigen werden.

Wir setzen in Gleichung (6.5) $M = \overline{B} \cdot \overline{C}$ und $N = \overline{A} \cdot C$. Durch Anwendung des De Morgan-Satzes auf Gleichung (6.5) erkennen wir

$$X = \overline{M + N} = \overline{M} \cdot \overline{N} = \overline{(\overline{B} \cdot \overline{C})} \cdot \overline{(\overline{A} \cdot C)}$$

Nochmalige Anwendung des De Morgan-Satzes ergibt:

$$
\begin{aligned}
X &= (B + C) \cdot (A + \overline{C}) &&\text{(De Morgan)} \\
&= A \cdot B + B \cdot \overline{C} + A \cdot C + C \cdot \overline{C} &&\text{(Distributiv Gesetz)} \\
&= A \cdot B + B \cdot \overline{C} + A \cdot C + 0 &&\text{(Satz 8)} \\
&= A \cdot B + B \cdot \overline{C} + A \cdot C &&\text{(Satz 1)} \\
&= A \cdot B \cdot (C + \overline{C}) + (B \cdot \overline{C} + B \cdot \overline{C}) + (A \cdot C + A \cdot C) &&\text{(Satz 3 und 4)} \\
&= (A \cdot B \cdot C + A \cdot B \cdot \overline{C} + B \cdot \overline{C} + A \cdot C) + (B \cdot \overline{C} + A \cdot C) \\
&= (A \cdot C \cdot (B + 1) + B \cdot \overline{C} \cdot (A + 1)) + (B \cdot \overline{C} + A \cdot C) \\
&= (A \cdot C + B \cdot \overline{C}) + (B \cdot \overline{C} + A \cdot C) &&\text{(Satz 2 und 6)} \\
&= A \cdot C + B \cdot \overline{C} &&\text{(Satz 3)}
\end{aligned}
$$

und das entspricht der Gleichung (6.3).

Beispiel 6.3

Beim Entwurf eines logischen Netzwerkes, das ein Computerschaltsystem steuert, muß folgende Gleichung erfüllt sein.

$$f = W \cdot \overline{(\overline{X} + \overline{W} \cdot (Y + \overline{X} \cdot \overline{Y}))} \tag{6.6}$$

Man vereinfache den Ausdruck.

Lösung 6.3

Der erste Schritt ist, die Gleichung in der Form $F = W \cdot D$ anzuschreiben, wobei gilt

$$D = \overline{\overline{X} + \overline{W} \cdot (Y + \overline{X} \cdot \overline{Y})}$$

Durch Anwendung des Distributivgesetzes unter dem Querstrich erhalten wir

$$D = \overline{\overline{X} + \overline{W} \cdot Y + \overline{W} \cdot \overline{X} \cdot \overline{Y}}$$

Wenn wir weiter $E = \overline{W} \cdot Y$ und $F = \overline{W} \cdot \overline{X} \cdot \overline{Y}$ setzen, erhalten wir

$$D = \overline{\overline{X} + E + F} = X \cdot \overline{E} \cdot \overline{F}$$
$$= X \cdot \overline{(\overline{W} \cdot Y)} \cdot \overline{(\overline{W} \cdot \overline{X} \cdot \overline{Y})} \qquad \text{(De Morgan)}$$

Nach dem Satz von *De Morgan* gilt

$$\overline{\overline{W} \cdot Y} = W + \overline{Y}$$

und

$$\overline{\overline{W} \cdot \overline{X} \cdot \overline{Y}} = W + X + Y$$

daher

$$D = X \cdot (W + \overline{Y}) \cdot (W + X + Y)$$
$$= (W \cdot X + X \cdot \overline{Y}) \cdot (W + X + Y)$$
$$= W \cdot X + W \cdot X + W \cdot X \cdot Y + W \cdot X \cdot \overline{Y} + X \cdot \overline{Y} + X \cdot Y \cdot \overline{Y}$$
$$= W \cdot X + X \cdot \overline{Y}$$

Es gilt also

$$f = W \cdot D = W \cdot (W \cdot X + X \cdot \overline{Y})$$
$$= W \cdot (W \cdot X \cdot (Y + \overline{Y}) + X \cdot \overline{Y} \cdot (W + \overline{W}))$$
$$= W \cdot (W \cdot X \cdot Y + W \cdot X \cdot \overline{Y} + \overline{W} \cdot X \cdot \overline{Y})$$
$$= W \cdot X \cdot Y + W \cdot X \cdot \overline{Y} + W \cdot \overline{W} \cdot X \cdot \overline{Y}$$
$$= W \cdot X \cdot (Y + \overline{Y}) = W \cdot X$$

D. h. die komplexe logische Funktion, ausgedrückt durch Gleichung (6.6) ist äquivalent zu W UND X und d. h. der Eingang Y ist *redundant* und spielt keine Rolle in der Arbeitsweise des Systems.

7. Logische Netzwerke

7.1. Kombinatorische Logik und sequentielle logische Netzwerke

Logische Netzwerke werden in zwei große Klassen eingeteilt, nämlich *kombinatorische logische Netzwerke* und *sequentielle logische Netzwerke*. Kombinatorische logische Netzwerke beinhalten die bis jetzt besprochenen Netzwerke, die ein Ausgangssignal liefern, wenn irgend eine Kombination von Eingangssignalen anliegt.

Der Ausgang sequentieller logischer Systeme hängt von einer Folge von Vorgängen ab, die sich bereits in der Schaltung abgespielt haben, und beinhalten Systeme wie z.B. Zähler. In diesem Kapitel wollen wir uns mit dem Entwurf kombinatorischer logischer Netze beschäftigen.

7.2. Der Entwurf logischer Netze nach Wahrheitstabellen

Wie wir in Kapitel 6 gesehen haben, können wir eine logische Gleichung aufstellen, die einer Wahrheitstabelle genügt und in der Folge wollen wir aus dieser Gleichung ein logisches System entwerfen. Dazu wollen wir Tabelle 7.1 betrachten.

Tabelle 7.1.

Eingänge			Ausgang
A	B	C	X
0	0	0	0
0	0	1	1
0	1	0	0
0	1	1	0
1	0	0	1
1	0	1	1
1	1	0	0
1	1	1	0

Wenn wir den Ausdruck anschreiben, der die Einsen in der Tabelle festlegt, erhalten wir

$$X = \overline{A} \cdot \overline{B} \cdot C + A \cdot \overline{B} \cdot \overline{C} + A \cdot \overline{B} \cdot C \tag{7.1}$$

Wenn die Sensoren, die dieses logische System betreiben, die Zustände der Variablen A, B und C abtasten, benötigen wir 3 NOT-Gatter, um die Funktionen $\overline{A}$, $\overline{B}$ und $\overline{C}$ zu erzeugen, die wir in Gleichung (7.1) benötigen. Diese Gatter zeigt Abb. 7.1(a).

Die Funktion $\overline{A} \cdot \overline{B} \cdot C$ wird von einem UND-Gatter mit 3 Eingängen erzeugt, dessen Eingänge von $\overline{A}$, $\overline{B}$ und C, wie in Abb. 7.1(b) gezeigt, angesteuert werden. Den Ausgang dieses Gatters wollen wir mit L bezeichnen. In Gleichung (7.1) werden die Ausdrücke $A \cdot \overline{B} \cdot \overline{C}$ (= M) und $A \cdot \overline{B} \cdot C$ (= N) wie in Abb. 7.1(b) erzeugt.

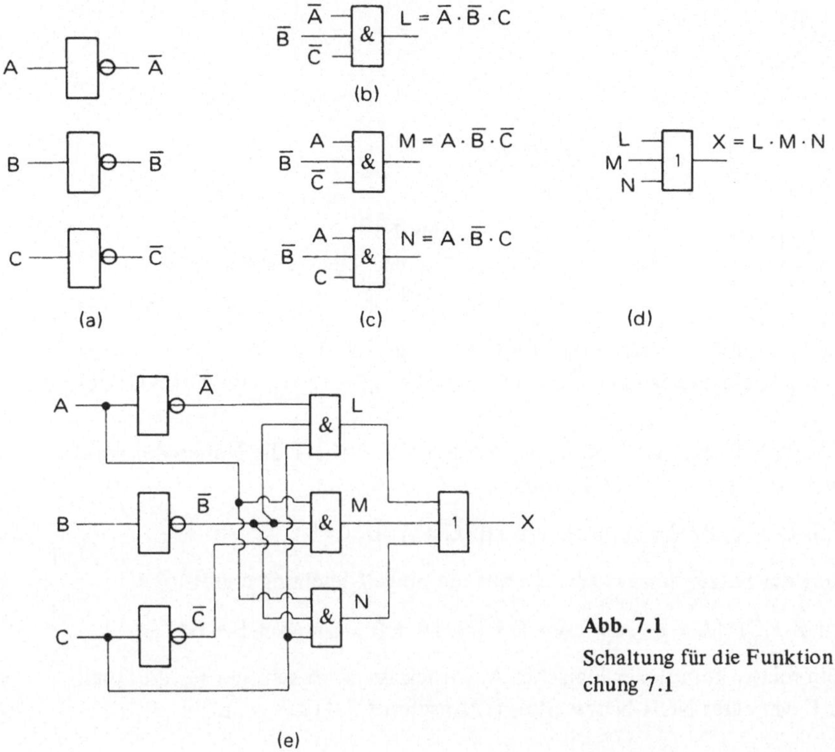

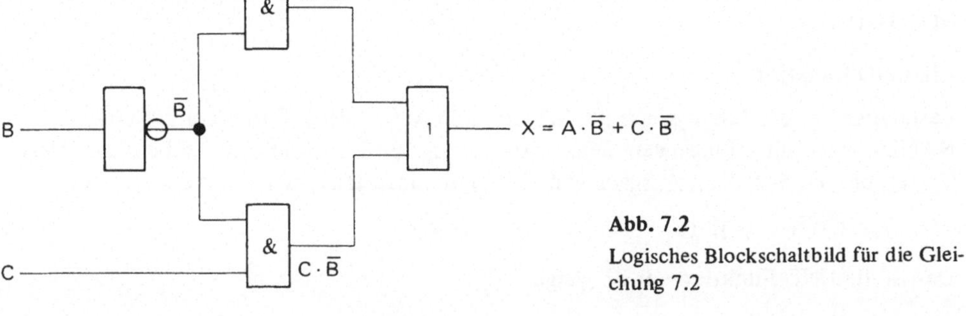

Abb. 7.1
Schaltung für die Funktion nach Gleichung 7.1

Die Funktion X wird schließlich erzeugt, indem man die Ausdrücke L, M und N an ein ODER-Gatter legt, wie Abb. 7.1(d) zeigt. Das vollständige Blockdiagramm zeigt Abb. 7.1(e), in der die einzelnen Abschnitte miteinander verbunden sind.

Mit den Methoden aus Kapitel 6 kann man Gleichung (7.1) vereinfachen.

$$X = A \cdot \bar{B} + C \cdot \bar{B} \tag{7.2}$$

$$= \bar{B} \cdot (A + C) \tag{7.3}$$

Abb. 7.2
Logisches Blockschaltbild für die Gleichung 7.2

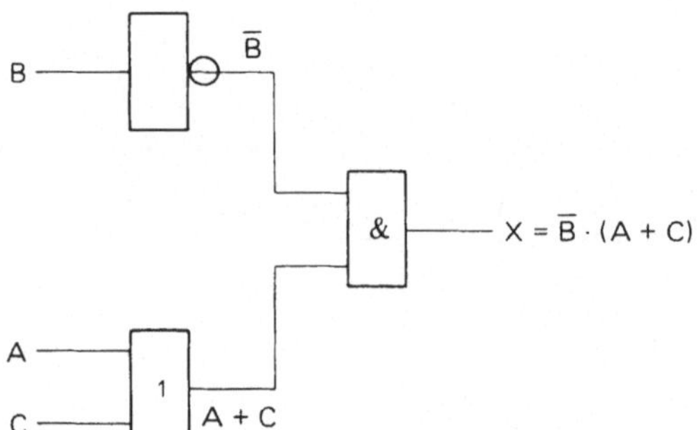

Abb. 7.3

Logisches Blockschaltbild für die Gleichung 7.3

Die Schaltung des logischen Netzwerkes für Gleichung (7.2) zeigt Abb. 7.2 und diese benötigt 4 Gatter. Die Schaltung nach Gleichung (7.3) zeigt Abb. 7.3, die nur 3 Gatter benötigt.

Die andere Möglichkeit, eine Gleichung aufzustellen, die NICHT die Nullen der Wahrheitstabelle festlegt, gibt folgende Gleichung:

$$\overline{X} = \overline{A} \cdot \overline{B} \cdot \overline{C} + \overline{A} \cdot B \cdot \overline{C} + \overline{A} \cdot B \cdot C + A \cdot B \cdot \overline{C} + A \cdot B \cdot C$$

Die Anwendung des Satzes von *De Morgan* auf die obige Gleichung ergibt:

$$X = (A + B + C) \cdot (A + \overline{B} + C) \cdot (A + \overline{B} + \overline{C}) \cdot (\overline{\overline{A}} + \overline{B} + C) \cdot (\overline{A} + \overline{B} + \overline{C})$$

Obwohl das ein relativ komplexer logischer Ausdruck ist, ist er sehr gut für die Realisierung in der Form eines NOR-Netzwerkes (s. Abschnitt 7.4) geeignet.

7.3. NAND-Netzwerke

TTL-NAND-Gatter sind heute vielleicht die am meisten verwendeten Schaltelemente und es ist möglich, alle bis jetzt beschriebenen Funktionen aus Kombinationen dieser Gatter herzustellen. In diesem Abschnitt wollen wir betrachten, wie man verschiedene Funktionen unter ausschließlicher Verwendung von NAND-Gattern realisieren kann und auch, wie man vollständige Netzwerke aus diesen aufbaut.

Die NOT-Funktion

Wie wir früher gezeigt haben, ist bei einem NAND-Gatter mit einem Eingang, wie etwa in Abb. 7.4(a), der Ausgang logisch *0*, wenn der Eingang logisch *1* ist. Andererseits wenn A = *0*, dann ist der Ausgang *1*. D.h. ein NAND-Gatter mit einem Eingang arbeitet als NOT-Gatter.

Die UND-Funktion

Betrachten wir die Arbeitsweise der Schaltung in Abb. 7.4(b). Gatter G 1 arbeitet als NAND-Gatter mit 3 Eingängen, dessen Ausgang $\overline{A \cdot B \cdot C}$ ist. Gatter G 2 arbeitet als NOT-Gatter, das das Signal am Ausgang von G 1 logisch invertiert, d.h. der Ausgang wird

$$\overline{(\overline{A \cdot B \cdot C})} = A \cdot B \cdot C$$

Das ist die UND-Funktion der Eingänge.

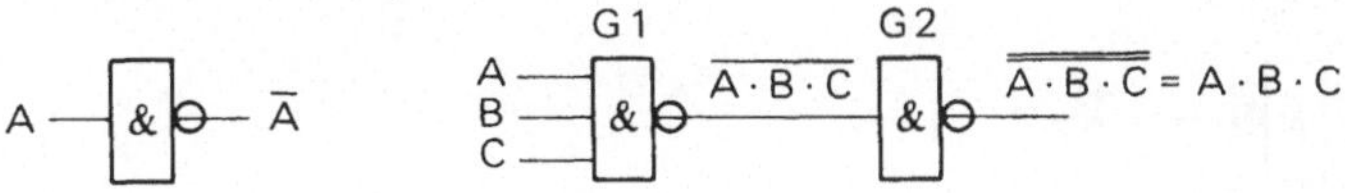

Abb. 7.4
Methode zur Erzeugung der NOT-Funktion (a), der UND-Funktion (b) und der ODER-Funktion (c) aus NAND-Gattern

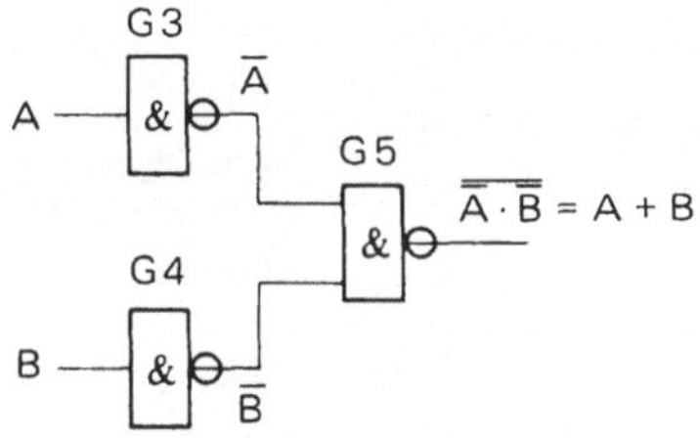

Die ODER-Funktion

In der Schaltung von Abb. 7.4(c) arbeiten die Gatter G3 und G4 als Inverter, deren Ausgänge $\overline{A}$ bzw. $\overline{B}$ sind. Gatter G5 arbeitet als NAND-Gatter mit 2 Eingängen, dessen Eingänge $\overline{A}$ und $\overline{B}$ sind, so daß am Ausgang

$$\overline{\overline{A} \cdot \overline{B}} = A + B$$

entsteht und das die ODER-Funktion der Eingänge.

Die NOR-Funktion

Da NOR = NOT OR, wird diese Funktion dadurch erzeugt, daß man den Eingang einer NOT-Schaltung nach Abb. 7.4(a) durch den Ausgang einer ODER-Schaltung nach Abb. 7.4(c) ansteuert.

Grundlegende Minimierungsmethoden für NAND-Netzwerke

Einfache NAND-Netzwerke können bereits eine große Anzahl von Gattern enthalten, aber in vielen Fällen ist es möglich, diese Anzahl durch Anwendung einfacher Regeln zu verringern.

Wenn 2 NAND-Gatter mit einem Eingang in der Art von Abb. 7.5(a) in Serie geschaltet werden, dann ist der Ausgang von G1 $\overline{A}$ und der von G2 $\overline{\overline{A}}$, was nach Satz 9 von Kapitel 6 gleich A ist. D. h. *beide Gatter sind redundant und können durch eine Leitung ersetzt werden, die den Eingang mit dem Ausgang verbindet.*

Im folgenden werden wir zeigen, daß das Netzwerk von Abb. 7.5(b) durch ein NAND-Gatter mit 3 Eingängen ersetzt werden kann. Der Ausgang von G3 ist $\overline{A \cdot B}$. Das wird logisch invertiert durch G4, dessen Ausgang $A \cdot B$ ist. Die Funktion am Augang des Gatters G5 ist $\overline{(A \cdot B) \cdot C} = \overline{A \cdot B \cdot C}$. Diese Funktion wird von einem NAND-Gatter mit 3 Eingängen erzeugt, dessen Eingänge unabhängig mit den Signalen A, B und C angesteuert werden.

Dieses Ergebnis kann man auch in umgekehrter Richtung verwenden. Angenommen, wir verfügen über einige IC mit NAND-Gattern mit nur 2 Eingängen (z.B. SN 7400N Vier-

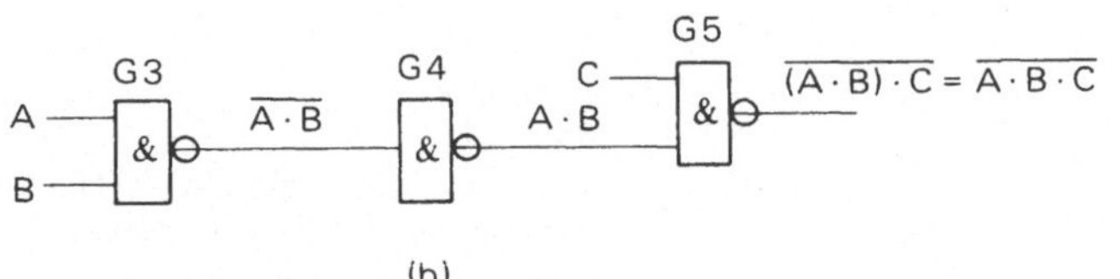

Abb. 7.5

Grundlegende Minimierungs-
methoden in NAND-Netz-
werken

fach-NAND-Gatter mit 2 Eingängen) und wir müssen die Funktion $\overline{A \cdot B \cdot C}$ erzeugen.
Durch Verwendung der Schaltung von Abb. 7.5(b) können wir 3 Gatter mit 2 Eingängen
dazu verwenden, um 1 Gatter mit 3 Eingängen zu ersetzen. Unter Umständen kann diese
Methode zu einer guten Ausnützung von ICs führen.

Realisierung von UND-ODER-Netzwerken durch NAND-Netzwerke

Wenn wir die logische Gleichung aufschreiben, die alle Einsen einer Wahrheitstabelle fest-
legt, erhalten wir eine Gleichung, die die *Summe von Produkten* ist, d. h. einen UND/
ODER-Typ einer Gleichung. Ein Beispiel für diesen Typ war die Gleichung (7.1) in Abschnitt 7.2. Als Beispiel für diese grundlegenden Prinzipien wollen wir den Entwurf eines
NAND-Netzwerkes betrachten, das die Funktion $A \cdot B + C \cdot D$ erzeugt. Mit UND und
ODER-Gattern benötigen wir eine Schaltung nach Abb. 7.6(a). Zur Realisierung mit
NAND-Gattern ersetzen wir jedes UND-Element durch sein NAND-Äquivalent (s. Abb.
7.4(b)) und jedes ODER-Element durch sein NAND-Äquivalent nach Abb. 7.4(c). Das
resultierende NAND-Netzwerk zeigt Abb. 7.6(c). Mit Hilfe der Minimisierungsmethode
von Abb. 7.5(a) können wir die Gatter G2 und G5 in Abb. 7.6(b) durch eine einfache
Verbindung ersetzen und in ähnlicher Weise ersetzen wir auch die Gatter G4 und G6.
Es bleiben nur die Gatter G1, G2 und G7 von Abb. 7.6(b) und das vereinfachte NAND-
Netzwerk zeigt Abb. 7.6(c).

Beim Vergleich der Schaltungen (a) und (c) von Abb. 7.6 erkennen wir, daß das UND-
ODER Netzwerk durch ein äquivalentes NAND-Netzwerk ersetzt wurde. Diese Methode
ist auf alle UND-ODER-Netzwerke anwendbar und der Leser kann leicht zeigen, daß der
Ausgang der NAND-Schaltung, die man erhält, wenn man *alle* Gatter in Abb. 7.1(e) durch
äquivalente NAND-Schaltungen ersetzt, durch die Gleichung (7.1) gegeben ist.

7.4. NOR-Netzwerke

NOR-Gatter können in ähnlicher Weise wie NAND-Gatter zur Erzeugung der grundlegenden logischen Funktionen verwendet werden. Die Blockschaltbilder dieser Netzwerke
werden in den folgenden Abschnitten betrachtet.

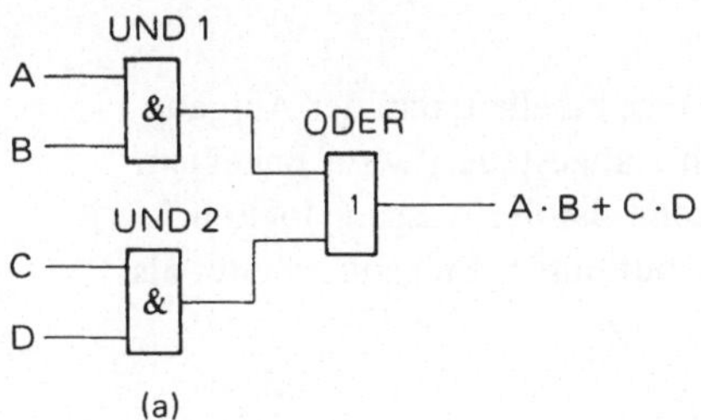

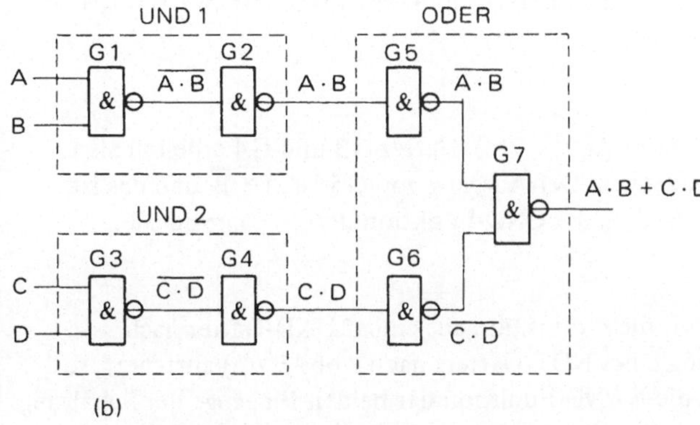

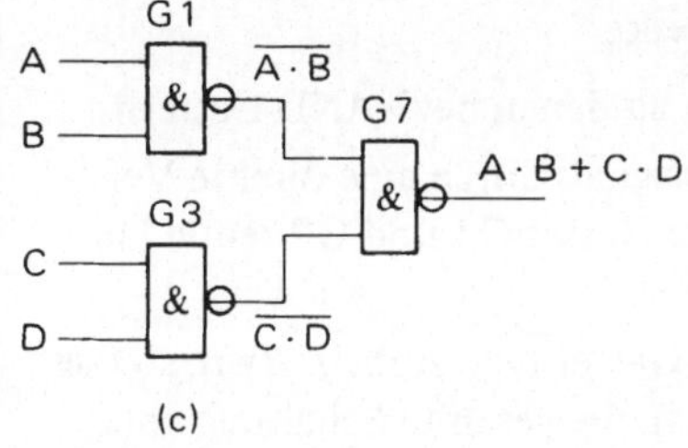

Abb. 7.6

Erzeugung der Funktion f = A · B + C · D
mit NAND-Gattern

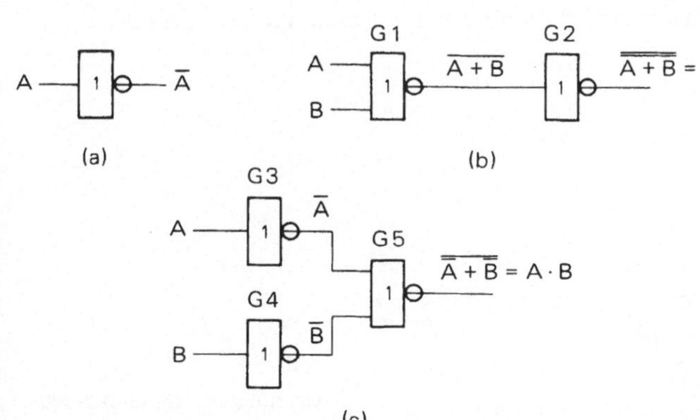

Abb. 7.7

Methoden zur Erzeugung der NOT-
Funktion (a), der ODER-Funktion
(b) und der UND-Funktion (c) aus
NOR-Gattern

5 Morris

Die NOT-Funktion

Wir haben bei der ersten Beschäftigung mit NOR-Gattern gesehen, daß der Ausgang
logisch *0* wird, wenn irgend ein Eingang durch logisch *1* angesteuert wird. Bei einem
NOR-Gatter mit einem Eingang, wie es Abb. 7.7(a) zeigt, ist der Ausgang logisch *1*,
wenn der Eingang logisch *0* ist. D. h. ein NOR-Gatter mit einem Eingang arbeitet als
NOT-Gatter.

Die ODER-Funktion

Der Ausgang von Gatter G 1 in Abb. 7.7(b) ist $\overline{A + B}$ und der von G 2 ist $\overline{\overline{A + B}} = A + B$,
d. h. die ODER-Funktion der Eingänge.

Die UND-Funktion

Die UND-Funktion für 2 Eingänge zeigt Abb. 7.7(c). Gatter G 3 und G 4 arbeiten als In-
verter, die die Signale $\overline{A}$ bzw. $\overline{B}$ erzeugen. Der Ausgang von G 5 ist $\overline{\overline{A} + \overline{B}}$ und das ist
nach dem Satz von *De Morgan* A · B, d. h. die UND-Funktion der Eingangssignale.

Die NAND-Funktion

Da NAND = NOT UND, können wir diese Funktion aus einem UND-Gatter nach
Abb. 7.7(c) bilden, das den Eingang eines NOT-Gatters nach Abb. 7.7(a) ansteuert, so
daß der Augang des NOT-Gatters die NAND-Funktion der beiden Eingänge der Schaltung
ergibt.

Grundlegende Minimisierungsmethoden für NOR-Netzwerke

Die hier gezeigten Minimisierungsmethoden sind ähnlich zu denen bei NAND-Gattern.

In Abb. 7.8(a) kann die doppelte Inversion des Eingangssignals durch eine direkte Verbindung von Eingang und Ausgang ersetzt werden, da die Gatter G 1 und G 2 redundant
sind.

In Abb. 7.8(b) bilden die Gatter G 3 und G 4 ein ODER-Gatter (vgl. Abb. 7.7(b)), so daß
der Ausgang von G 5 $\overline{(A + B) + C} = \overline{A + B + C}$ liefert. D. h. die gesamte Schaltung von
Abb. 7.8(b) kann durch ein NOR-Gatter mit 3 Eingängen ersetzt werden. Diese Methode
kann man auch in umgekehrter Richtung anwenden, um NOR-Netzwerke aus Gattern
mit einem beschränkten Eingangsfächer für Funktionen mit einer großen Anzahl von
Eingängen zu erzeugen.

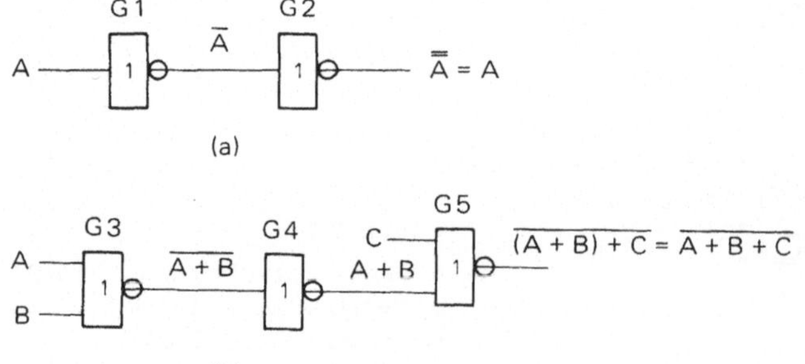

Abb. 7.8
Grundlegende Minimierungs-
methoden in NOR-Netzwerken

Das Ersetzen von ODER-UND-Netzwerken durch NOR-Netzwerke

In Abschnitt 7.2 haben wir gesehen, daß die logische Gleichung, die alle Nullen einer Wahrheitstabelle festlegt, als *Produkt von Summen* dargestellt werden kann, d. h. in einer ODER-UND-Funktion wie etwa $(A + B) \cdot (C + D)$.

Wir wollen ein Netzwerk betrachten, das die Funktion $(A + B) \cdot (C + D)$ erzeugt. Das ODER-UND-Netzwerk zeigt Abb. 7.9(a) und mit Hilfe der Schaltungen aus Abb. 7.7 erhalten wir die NOR-Form in Abb. 7.9(b). Der Leser sieht leicht, daß die Gatter G2 und G5 eine Serien-Schaltung von NOR-Gattern mit einem Eingang bilden und daher redundant sind, ebenso wie die Gatter G4 und G6. Es bleiben also die Gatter G1, G3 und G7, um die gewünschte Funktion zu erzeugen. Das vereinfachte NOR-Netzwerk zeigt Abb. 7.9(c)

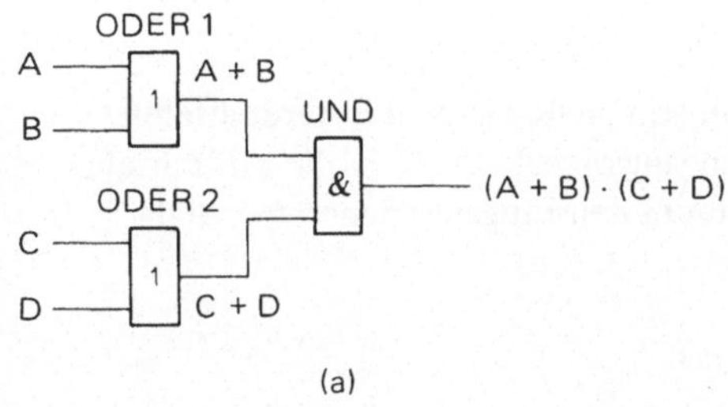

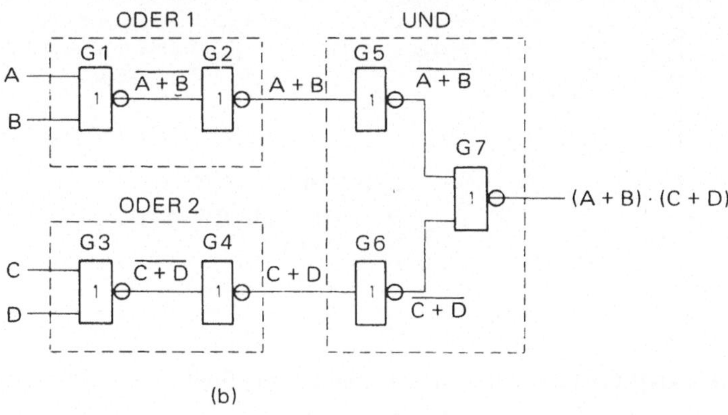

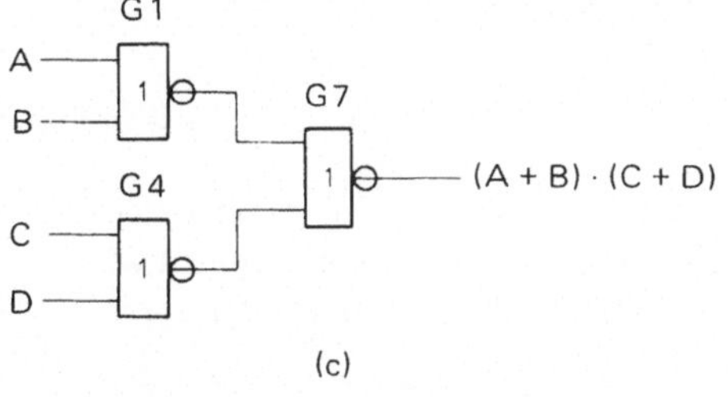

Abb. 7.9
Erzeugung der Funktion f = (A + B) · (C + D) mit NOR-Gattern

7.5. Verdrahtete ODER-Netzwerke

Die verdrahtete ODER-Verknüpfung (vgl. Abschnitt 4.15) kann sowohl mit NAND- als auch mit NOR-Gattern verwendet werden, wenn diese Pull-Up-*Widerstände* in ihren Ausgangskreisen haben. In Abschnitt 4.15 haben wir gezeigt, daß die Funktion dieser Verbindung die UND-Funktion der einzelnen Ausgänge der Gatter ist. Um die Wirkung auf NOR- und NAND-Netzwerke aufzuzeigen, wollen wir sie getrennt betrachten.

NOR-Netzwerke

Abb. 7.10 zeigt 2 Gatter in einer verdrahteten-ODER-Verbindung. Der logische Ausdruck für den Ausgang f ist

$$f = \overline{(A + B)} \cdot \overline{(C + D)}$$
$$= (\overline{A} \cdot \overline{B}) \cdot (\overline{C} \cdot \overline{D})$$
$$= \overline{A} \cdot \overline{B} \cdot \overline{C} \cdot \overline{D}$$
$$= \overline{A + B + C + D}$$

Daraus ergibt sich, daß die resultierende Funktion von NOR-Gattern in verdrahteten ODER-Verbindungen die NOR-Funktion aller Eingangssignale ist. D. h. die verdrahtete ODER-Verbindung kann dazu verwendet werden, um den Eingangsfächer von NOR-Gattern zu vergrößern.

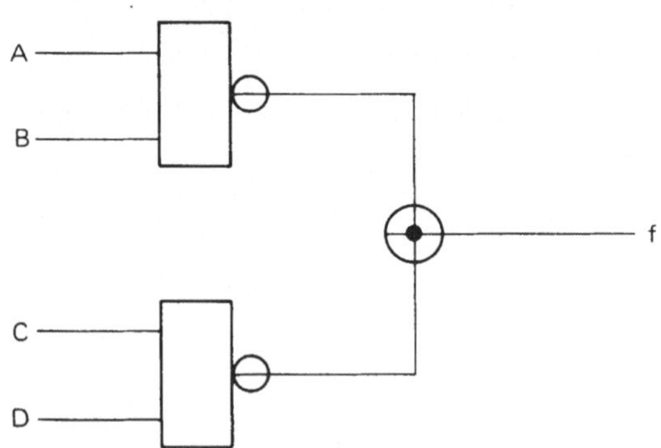

Abb. 7.10

Verdrahtete ODER-Verbindung von NOR-Gattern

NAND-Netzwerke

Wenn wir uns in Abb. 7.10 NAND-Gatter vorstellen, erhalten wir die Funktion

$$f = \overline{(A \cdot B)} \cdot \overline{(C \cdot D)}$$
$$= \overline{A \cdot B + C \cdot D}$$

7.6. Die Exklusiv-ODER-Funktion

Exklusiv-ODER-Gatter werden in logischen Schaltungen sehr oft für Operationen wie Addition, Subtraktion, Multiplikation, Division und Vergleich von Binärzahlen verwendet. Die Wahrheitstabelle dieser Funktion zeigt Tabelle 7.2.

Tabelle 7.2

Eingänge		Ausgang
A	B	S
0	0	0
0	1	1
1	0	1
1	1	0

Die ersten 3 Zeilen der Tabelle 7.2 sind gleich der Wahrheitstabelle einer ODER-Funktion mit 2 Eingängen (vgl. Tabelle 2.2). Die Tabelle 7.2 unterscheidet sich von der einer ODER-Funktion nur in der letzten Zeile, da der Ausgang logisch 0 ist, wenn $A = B = 1$.

In diesem Teil des Buches wollen wir den Entwurf von Netzwerken betrachten, die die Exklusiv-ODER-Funktion erzeugen, die an mehreren Stellen in diesem Buch verwendet werden wird. Aus Tabelle 7.2 erkennen wir, daß der Ausgang S den Wert 1 annimmt, wenn $A \cdot \overline{B} = 1$ oder wenn $\overline{A} \cdot B = 1$ d.h.

$$S = A \cdot \overline{B} + \overline{A} \cdot B \tag{7.4}$$

Diese Schaltung mit UND-ODER- und NOT-Gattern realisiert, zeigt Abb. 7.11(a). Der Ausdruck $A \cdot \overline{B}$ wird durch G1 erzeugt, $\overline{A} \cdot B$ erzeugt G2 und G3 bildet den endgültigen Ausgang. Abb. 7.11(b) zeigt drei Schaltsymbole für Exklusiv-ODER-Gatter.

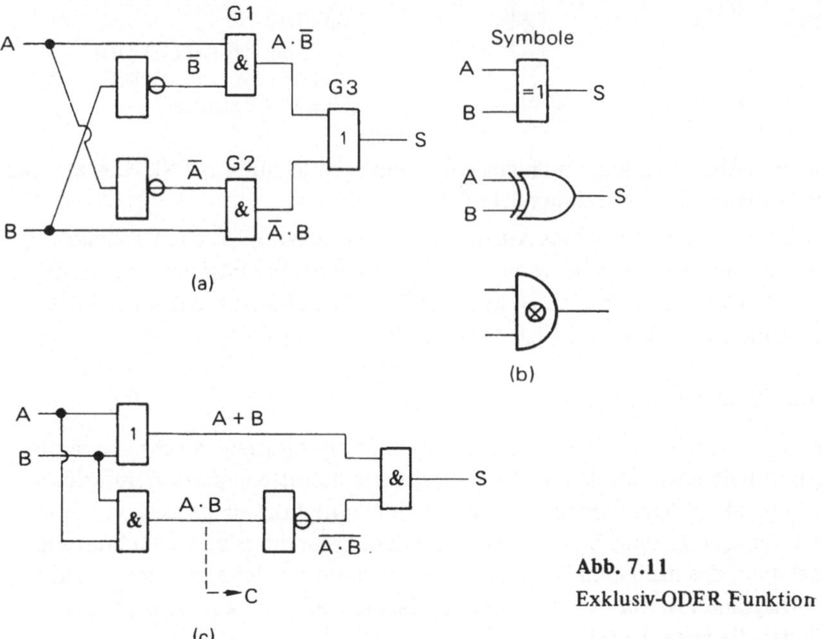

Abb. 7.11
Exklusiv-ODER Funktion

Durch Anwendung der logischen Algebra auf die Gleichung für S kann man eine Exklusiv-
ODER-Funktion aus nur 4 Gattern aufbauen.

$$S = A \cdot \overline{B} + \overline{A} \cdot B + 0 + 0 \qquad \text{(Satz 1)}$$

$$= A \cdot \overline{B} + \overline{A} \cdot B + A \cdot \overline{A} + B \cdot \overline{B} \quad \text{(Satz 8)}$$

$$= (A + B) \cdot (\overline{A} + \overline{B}) \tag{7.5}$$

$$= A + B \cdot \overline{(A \cdot B)} \tag{7.6}$$

Ein Schaltbild für die Gleichung (7.6) zeigt Abb. 7.11(c). Diese Schaltung erzeugt am
Punkt C die Funktion A · B. Dieser zusätzliche Ausgang ist besonders in arithmetischen
Schaltungen nützlich und wird in Kapitel 9 weiter betrachtet.

Die Gleichung (7.5) kann man auch in folgender Form anschreiben:

$$S = A \cdot (\overline{A} + \overline{B}) + B(\overline{A} + \overline{B})$$

$$= A \cdot \overline{(A \cdot B)} + B \cdot \overline{(A \cdot B)}$$

Diese Funktion wird durch das NAND-Netzwerk von Abb. 7.12 erzeugt, da der Ausgang
dieser Schaltung gegeben ist durch

$$S = \overline{(A \cdot \overline{(A \cdot B)}) \cdot (B \cdot \overline{(A \cdot B)})}$$

$$= A \cdot \overline{(A \cdot B)} + B \cdot \overline{(A \cdot B)}$$

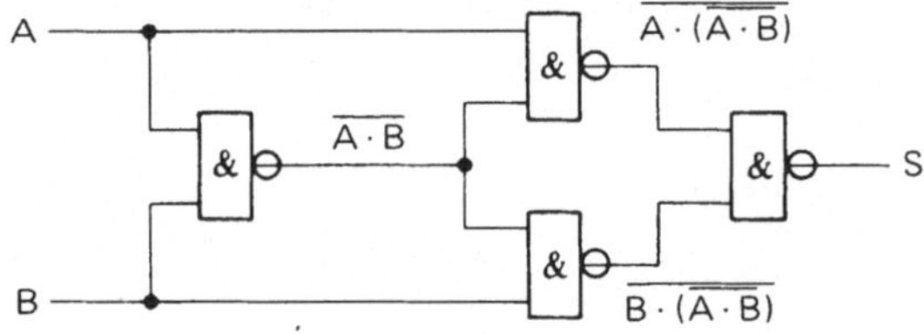

Abb. 7.12
Erzeugung der Exklusiv-ODER-
Funktion aus vier NAND-Gattern
mit zwei Eingängen

Die Schaltung nach Abb. 7.12 kann man aus einem einzigen IC mit 4 NAND-Gattern mit
je 2 Eingängen aufbauen (vgl. Abschnitt 5.11).

Das Exklusiv-ODER-Gatter ist auch als *Antivalenz-Gatter* bekannt, da nach Tabelle 7.2
der Ausgang genau dann logisch *1* ist, wenn die Eingänge einander ungleich sind, d. h.
wenn A = *1*, B = *0* oder umgekehrt. Es ist auch als *Modulo-2-Addierer* bekannt, da der
Ausgang *1* ist, wenn nur ein Eingang *1* ist, sonst ist der Ausgang *0*.

7.7. Karnaugh-Diagramme

Bis jetzt haben wir versucht, Netzwerke nur mit Hilfe der Booleschen Algebra zu minimieren. In einigen Fällen war die Begründung für gewisse Schritte in der Vereinfachungs-
prozedur nicht unbedingt leicht einzusehen und man benötigt oft einige Zeit, um eine
befriedigende Lösung zu finden. Eine andere Minimierungsmethode verwendet das sog.
Karnaugh-Diagramm, das nach dem Wissenschaftler benannt ist, der es angegeben hat.
Das Karnaugh-Diagramm ist eine einfache graphische Methode, um alle Bedingungen
einer Wahrheitstabelle festzuhalten.

Diagramm für eine Variable

Eine einzelne Variable kann nur 2 mögliche Zustände annehmen; wenn wir die Variable mit A bezeichnen, dann hat sie entweder den logischen Wert *1* (A = 1) oder den Wert *0* ($\overline{A}$ = 1). Für den Fall einer einzelnen Variablen enthält das Karnaugh-Diagramm 2 gleiche Teile, *Zellen* genannt, die Abb. 7.13(a) zeigt. Die eine Hälfte des Diagramms repräsentiert den Zustand von A und die andere Hälfte den Zustand von $\overline{A}$. Wenn wir die Bedingung A = *1* darstellen wollen, so zeichnen wir ein Diagramm nach Abb. 7.13(b). Die $\overline{A}$-Zelle enthält *0*, denn A = *1* hat die Variable $\overline{A}$ den Wert *0*. Umgekehrt repräsentieren wir die Bedingung $\overline{A}$ = 1 (d.h. A = *0*) durch das Diagramm nach Abb. 7.13(c).

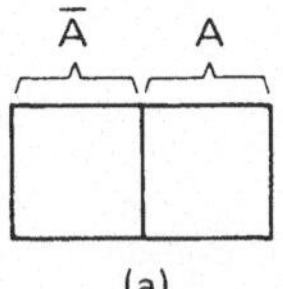
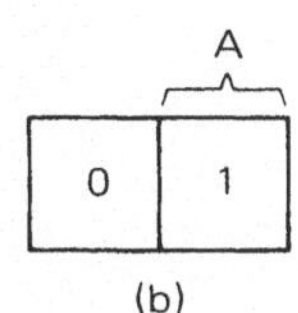
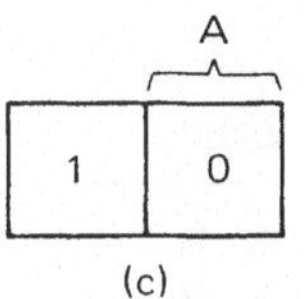

Abb. 7.13
Karnaugh-Diagramme für eine Variable

Ein Diagramm für 2 Variable

Jede Variable kann 2 Zustände annehmen, so daß bei 2 Variablen 4 Kombinationen möglich sind. Aus diesem Grund haben die Diagramme für 2 Variable in Abb. 7.14 vier Zellen, um diese Zustände zu repräsentieren. Abb. 7.14 zeigt 2 verbreitete Methoden, Karnaugh-Diagramme zu zeichnen, wobei jede Methode ihre Vorteile hat. Betrachten wir das Diagramm in Abb. 7.14(a).

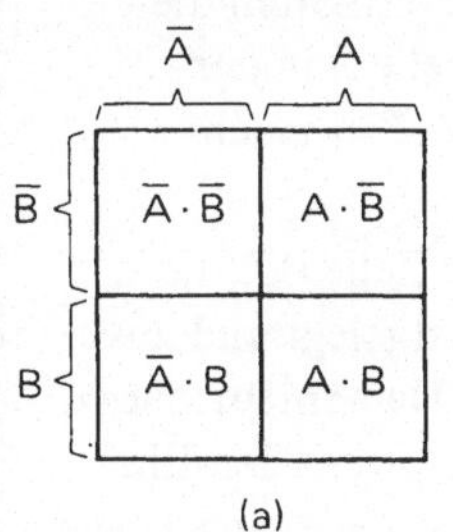
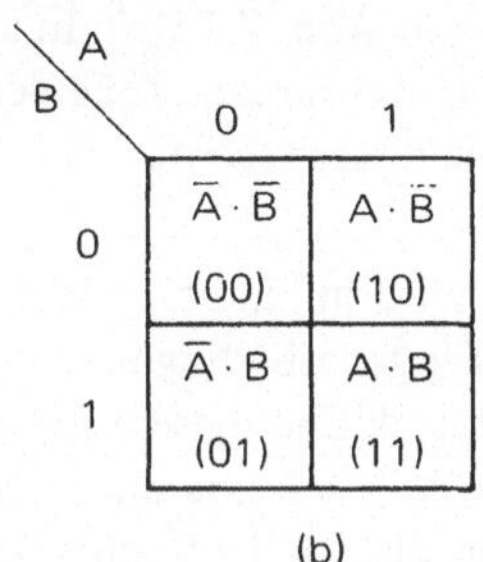

Abb. 7.14
Karnaugh-Diagramme für zwei Variable

Wie zuvor muß jede Variable durch eine Hälfte der Gesamtzellenanzahl dargestellt werden und hier wollen wir festlegen, daß die Variable A in der rechten Hälfte des Diagramms dargestellt wird. Die beiden Zellen in der linken Spalte sollen $\overline{A}$ darstellen. Die beiden unteren Zellen repräsentieren die Variable B und die beiden oberen $\overline{B}$. Jede Zelle im Diagramm wird durch *Durchschnitt* oder *Vereinigung* der Variablen festgelegt; in ähnlicher Weise wie ein Punkt einer geographischen Karte durch die Angabe von horizontalen und vertikalen Koordinaten festgelegt wird. D.h. die Zelle in der rechten unteren Ecke ist der Durchschnitt der Variablen A und B und wird mit A · B bezeichnet. Die Zelle darüber ist durch den Durchschnitt der Variablen A und (NOT B) bestimmt und wird als die Zelle A · $\overline{B}$ bezeichnet. Die anderen Zellen im Diagramm werden in der gleichen Weise bezeichnet.

Im Diagramm nach Abb. 7.14(b) schreiben wir *1* über der Spalte für A und *0* über der Spalte für $\overline{A}$. In ähnlicher Weise bezeichnet *1* am linken Ende der unteren Zeile, daß diese für die Variable B steht und *0* am linken Ende der oberen Zeile zeigt an, daß diese die Variable $\overline{B}$ repräsentiert. Die Binärzahlen in den Zellen (diese sind 00, 10, 01 und 11) stellen den Wert der Eingangsvariablen dieser Zellen dar. Z. B. wenn A = *0* und B = *1*, ist die betreffende Zelle durch die Binärzahl 01 festgelegt und das ist die Zelle $\overline{A} \cdot B$. Wir zeigen nun die Anwendung des Karnaugh-Diagramms.

Wir wollen Tabelle 7.3 in ein Diagramm eintragen.

Tabelle 7.3

Eingänge		Ausgang	zugehörige
A	B	f	Zelle
0	0	0	$\overline{A} \cdot \overline{B}$
0	1	0	$\overline{A} \cdot B$
1	0	0	$A \cdot \overline{B}$
1	1	1	$A \cdot B$

Das Karnaugh-Diagramm, das zu Tabelle 7.3 gehört zeigt Abb. 7.15(a) und wird folgendermaßen gebildet. Betrachten wir die Tabelle Zeile für Zeile, so sind die Eingangsbedingungen für die erste Zeile A = *0* und B = *0*, d. h. wir beziehen uns auf die Zelle $\overline{A} \cdot \overline{B}$ des Diagramms. In diese Zelle schreiben wir den Wert der Funktion f, die der Ausgang des Netzwerkes ist. Da in diesem Fall f = *0*, schreiben wir eine Null in die obere linke Zelle (Zelle $\overline{A} \cdot \overline{B}$) des Diagramms von Abb. 7.15(a). In ähnlicher Weise enthalten die Zellen $\overline{A} \cdot B$ und $A \cdot \overline{B}$ Nullen. Da in der letzten Zeile der Wahrheitstabelle *1* in der Spalte für f steht, müssen wir in die untere rechte Zelle (Zelle $A \cdot B$) des Karnaugh-Diagramms *1* eintragen.

Das Diagramm nach Abb. 7.15(b) wird in ähnlicher Weise gebildet. Die Zelle 00 (die obere linke Zelle) wird durch die Eingangsbedingungen A = *0*, B = *0* festgelegt und aus der Wahrheitstabelle entnehmen wir, daß in diesem Zustand f = *0* gilt. Dementsprechend schreiben wir *0* in diese Zelle. Die Zelle *01* (die untere linke Zelle) entspricht den Eingangsbedingungen A = *0*, B = *1*, für die f = *0* gilt; eine Null wird in diese Zeile eingetragen. In der Zelle *11* (die untere rechte Zelle) kommt eine Eins zu stehen, da f = *1*, wenn A = *1* und B = *1*.

Wir wollen jetzt annehmen, daß wir mehr als eine Eins in den Zellen haben, wie etwa Abb. 7.16(a) zeigt, in der die Zellen mit Einsen durch $A \cdot B$ und $A \cdot \overline{B}$ festgelegt sind. Ein logisches Netzwerk, das einen Ausgang laut Diagramm von Abb. 7.16(a) erzeugt, liefert *1* am Ausgang, wenn $A \cdot B = 1$ oder wenn $A \cdot \overline{B} = 1$, d. h.

$$f = A \cdot B + A \cdot \overline{B}$$

Durch Anwendung der Regeln der Booleschen Algebra auf die obere Gleichung vereinfachen wir wie folgt:

$$F = A \cdot (B + \overline{B}) = A \cdot 1 = A$$

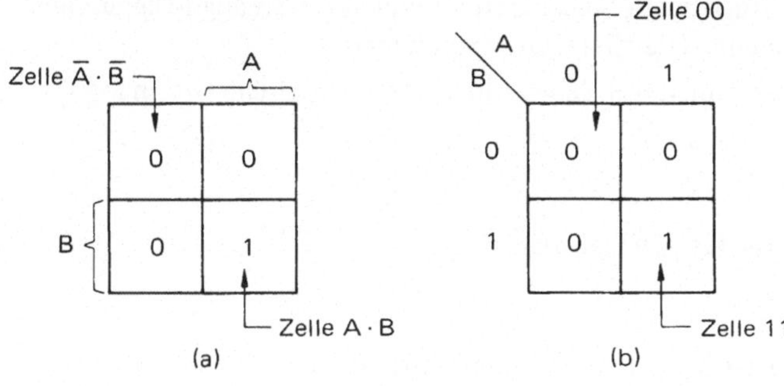

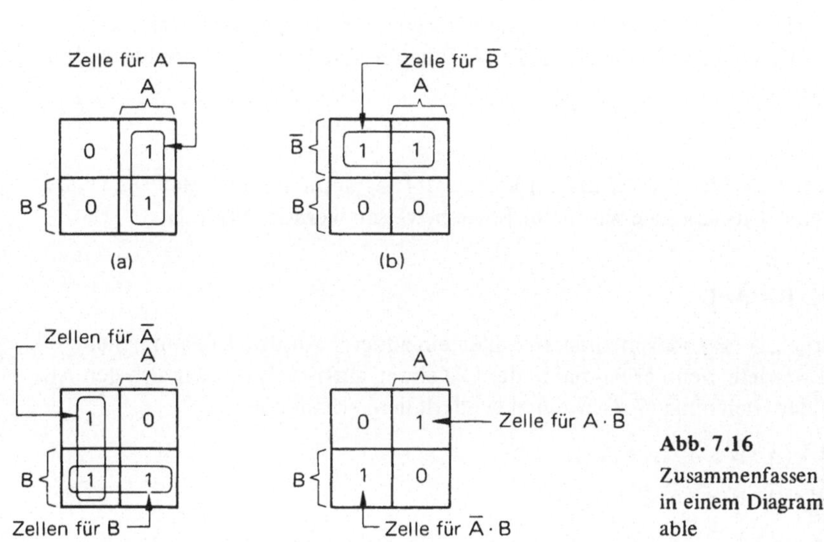

Abb. 7.15

Karnaugh-Diagramme für die Funktion f = A · B

Abb. 7.16

Zusammenfassen benachbarter Zellen in einem Diagramm für zwei Variable

D. h. das Diagramm von Abb. 7.16(a) definiert die Funktion f = A. Das selbe Ergebnis erhalten wir aus dem Karhaugh-Diagramm, indem wir *benachbarte Zellen,* die *1* enthalten, in der Art zusammenfassen, die Abb. 7.16(a) zeigt. Man definiert: *2 Zellen sind benachbart, wenn sich ihre binäre Repräsentation nur in einer Stelle* (Binary digit, bit) unterscheiden. Die Zelle A · B ist z. B. durch die Kombination *11* und die Zelle A · B durch die Kombination *10* gekennzeichnet; sie unterscheiden sich nur im Wert des rechten Bits. Mehr darüber werden wir später sehen.

Das Diagramm von Abb. 7.16(b) gilt für die logische Gleichung

$$f = \overline{A} \cdot \overline{B} + A \cdot \overline{B},$$

die man mit der Booleschen Algebra reduzieren kann auf

$$f = \overline{B} \cdot (\overline{A} + A) = \overline{B}.$$

Wieder können wir, wie Abb. 7.16(b) zeigt, benachbarte Zellen des Karnaugh-Digrammes zusammenfassen, um die definierende Gleichung zu vereinfachen.

Das Diagramm aus Abb. 7.16(c) beinhaltet 3 Zellen mit 1 und die logische Gleichung für dieses Diagramm ist

$$f = A \cdot B + \overline{A} \cdot B + \overline{A} \cdot \overline{B} \qquad (7.7)$$

Diese Gleichung kann man mit der Booleschen Algebra auf

$$f = \overline{A} + B$$

vereinfachen, aber die dazu nötigen Schritte sind nicht sofort zu sehen. Wenn wir jedoch die Zellen, die Einsen enthalten, in der Art wie es Abb. 7.16(c) zeigt, zusammenfassen, erkennen wir, daß die horizontale Zellenreihe alle Zellen beinhaltet, die durch die Variable B und die vertikale Reihe alle Zellen beinhaltet, die durch die Variable $\overline{A}$ definiert werden; daher

$$f = \overline{A} + B$$

Das bringt uns auf die Idee, daß eine 1 im Karnaugh-Diagramm mehrere Male verwendet werden kann, eine Tatsache, die wir in der Folge beweisen werden. Nach Satz 3 (Kapitel 6) gilt

$$\overline{A} \cdot B + \overline{A} \cdot B = \overline{A} \cdot B$$

d. h. der Ausdruck $\overline{A} \cdot B$ (oder in anderen Fällen ein anderer Ausdruck) kann beliebig oft wiederholt werden, wenn er einmal in der Gleichung auftritt. Wenn wir also den Ausdurck $\overline{A} \cdot B$ in der Gleichung (7.7) zweimal wiederholen, erhalten wir

$$f = A \cdot B + (\overline{A} \cdot B + \overline{A} \cdot B) + \overline{A} \cdot \overline{B}$$
$$= (A \cdot B + \overline{A} \cdot B) + (\overline{A} \cdot B + \overline{A} \cdot \overline{B}) \qquad (7.8)$$
$$= B \cdot (A + \overline{A}) + \overline{A} \cdot (B + \overline{B}) = B + \overline{A}$$

Der erste Klammerausdruck in Gleichung (7.8) entspricht dem unteren Paar von Zellen in Abb. 7.16(b) und der 2. Klammerausdruck entspricht den beiden Zellen in der linken Spalte von Abb. 7.16(c).

Ein Beispiel für eine Funktion, die man nicht vereinfachen kann, zeigt Abb. 7.16(d). Sie repräsentiert die Funktion $A \cdot \overline{B} + \overline{A} \cdot B$ — die Exklusiv-ODER-Funktion. Das Diagramm enthält Einsen in Zellen, die nicht benachbart sind. Diese Zellen sind durch die Kombination 10 und 01 gekennzeichnet und sind also nach obiger Definition nicht benachbart, da ihre binäre Repräsentation sich in mehr als einem Bit unterscheidet.

Ein Diagramm für drei Variable

Abb. 7.17 zeigt ein Diagramm für 3 Variable und da es $2^3 = 8$ mögliche Variationen der Eingangsvariablen gibt, hat auch das Karnaugh-Diagramm 8 Zellen. Wiederum muß jede Variable in einer Hälfte der gesamten Zellen vertreten sein, so daß die Variable A durch 4 Zellen und $\overline{A}$ durch die verbleibenden 4 repräsentiert werden. Ebenso wird die Variable B durch 4 Zellen repräsentiert, wovon 2 mit der Variablen A und 2 mit der Variablen

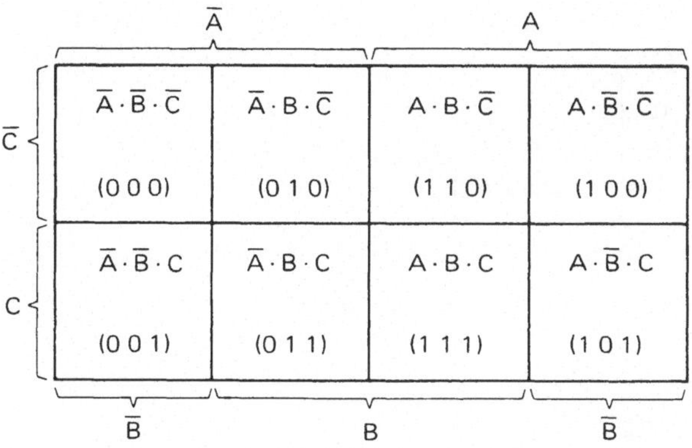

	$\overline{A}$		A	
$\overline{C}$	$\overline{A} \cdot \overline{B} \cdot \overline{C}$ (0 0 0)	$\overline{A} \cdot B \cdot \overline{C}$ (0 1 0)	$A \cdot B \cdot \overline{C}$ (1 1 0)	$A \cdot \overline{B} \cdot \overline{C}$ (1 0 0)
C	$\overline{A} \cdot \overline{B} \cdot C$ (0 0 1)	$\overline{A} \cdot B \cdot C$ (0 1 1)	$A \cdot B \cdot C$ (1 1 1)	$A \cdot \overline{B} \cdot C$ (1 0 1)
	$\overline{B}$	B		$\overline{B}$

Abb. 7.17
Karnaugh-Diagramm für drei
Variable

$\overline{A}$ assoziiert sind; die Variable $\overline{B}$ steht auch mit 2 Zellen für A und mit 2 Zellen für $\overline{A}$ in Verbindung. Auf diese Weise erhält man alle möglichen Konstellationen der Variablen A und B. In ähnlicher Weise steht die Variable C mit A und B in Verbindung, so daß alle möglichen Kombinationen von A, B und C erzeugt werden.

Die binären Codierungen der Zellen zeigt Abb. 7.17 und wiederum erkennen wir, daß benachbarte Zellen sich nur in einem Bit dieser Gruppierung unterscheiden. Eine interessante Eigenschaft dieses Diagramms ist die Tatsache, daß die Zellen am linken Rand und am rechten Rand nach unserer Definition *benachbart* sind. Zum Beispiel sind die Zellen an den Rändern der oberen Zeile durch 000 und 100 gekennzeichnet und unterscheiden sich nur in linken Bit; auch die Zellen 001 und 101 an den Rändern der unteren Zeile unterscheiden sich nur im linken Bit. Da also die linke und die rechte Seite des Diagramms *benachbart* sind, können wir das Diagramm zu einem Zylinder biegen, wobei die Enden die „Naht" bilden.

Beispiele für die Darstellung von Funktionen in 3-Variablen-Diagrammen zeigt Abb. 7.18. Die Funktion in Abb. 7.18(a) enthält Einsen in nicht benachbarten Zellen und kann daher nicht vereinfacht werden. Der Ausdruck, der durch dieses Diagramm definiert wird, ist

$$f = A \cdot \overline{B} \cdot C + \overline{A} \cdot B \cdot \overline{C}$$

Die Abbildung 7.18(b) enthält 2 Paare von benachbarten Zellen. Betrachten wir zunächst die Zellen in der unteren Zeile. Aus diesen Zellen erhalten wir

$$A \cdot B \cdot C + \overline{A} \cdot B \cdot C = (A + \overline{A}) \cdot B \cdot C = B \cdot C$$

Die Gleichung für diese Gruppe kann man sofort aus dem Karnaugh-Diagramm ablesen, wenn man beachtet, daß die 2 mittleren Zellen in der unteren Zeile *alle* Zellen sind, die durch den *Durchschnitt* der Variablen B und C gebildet werden. In ähnlicher Weise sind die beiden Zellen der oberen Zeile, die Einsen enthalten, benachbart und bilden alle Zellen, die durch den Durchschnitt der Variablen $\overline{B}$ und $\overline{C}$ gebildet werden. Diese Tatsache wird durch folgende Gleichung verifiziert:

$$A \cdot \overline{B} \cdot \overline{C} + \overline{A} \cdot \overline{B} \cdot \overline{C} = (A + \overline{A}) \cdot \overline{B} \cdot \overline{C} = \overline{B} \cdot \overline{C}$$

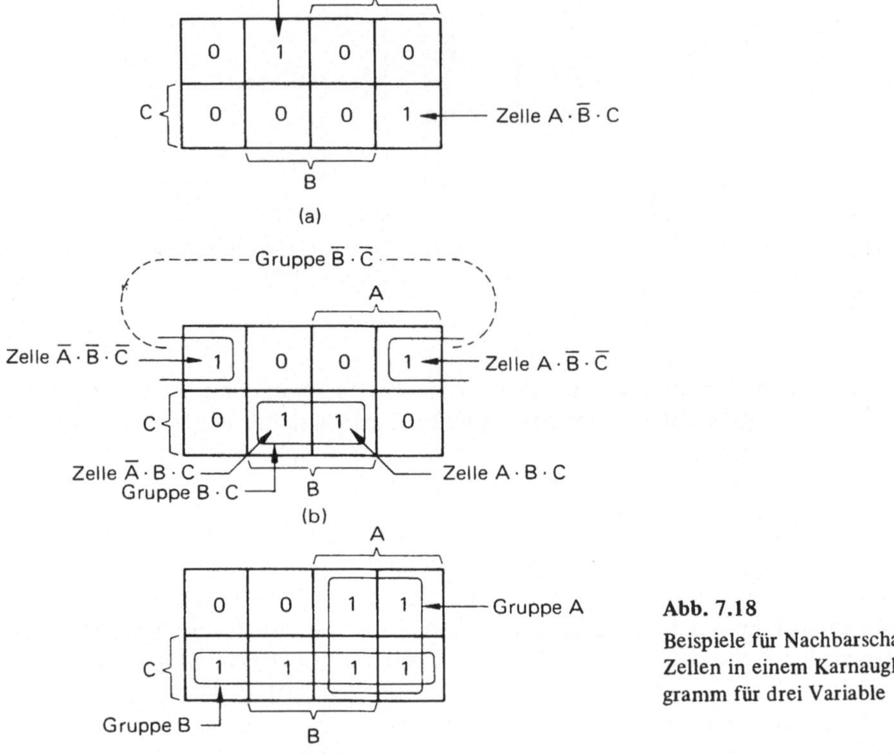

Abb. 7.18
Beispiele für Nachbarschaft von Zellen in einem Karnaugh-Diagramm für drei Variable

Daraus ergibt sich die Gesamtfunktion von Abb. 7.18(b) aus

$$f = B \cdot C + \overline{B} \cdot \overline{C}$$

Der Leser wird bemerken, daß die Variable A im obigen Ausdruck fehlt, d.h. sie ist *redundant* für dieses Problem.

Abb. 7.18(c) zeigt 2 Methoden, 4 benachbarte Zellen zusammenzufassen. Betrachten wir die Gruppe rechts, die durch folgenden logischen Ausdruck gegeben ist:

$$A \cdot B \cdot C + A \cdot B \cdot \overline{C} + A \cdot \overline{B} \cdot \overline{C} + A \cdot \overline{B} \cdot C$$

$$= A \cdot (B \cdot C + B \cdot \overline{C} + \overline{B} \cdot \overline{C} + \overline{B} \cdot C)$$

$$= A \cdot (B \cdot (C + \overline{C}) + \overline{B} \cdot (\overline{C} + C))$$

$$= A \cdot (B + \overline{B}) = A$$

Dieses Resultat kann man direkt aus dem Karnaugh-Diagramm ablesen, da die 4 angegebenen Zellen genau die Zellen sind, die durch die Variable A im Diagramm festgelegt sind. Man kann auch erkennen, daß die 4 Zellen in der unteren Zeile die Variable C darstellen, was man durch einen ähnlichen Beweis wie oben zeigen kann. Das Diagramm in Abb. 7.18(c) definiert daher die Funktion

$$f = A + C$$

Man sieht, *daß der logische Ausdruck umso einfacher ist, je größer die Anzahl der zusammengefaßten Zellen im Karnaugh-Diagramm ist.*

Wenn in einem Diagramm 3 benachbarte Zellen auftreten, kann man sie in 2 getrennten Paaren in der Art, wie es Abb. 7.16(d) zeigt, zusammenfassen.

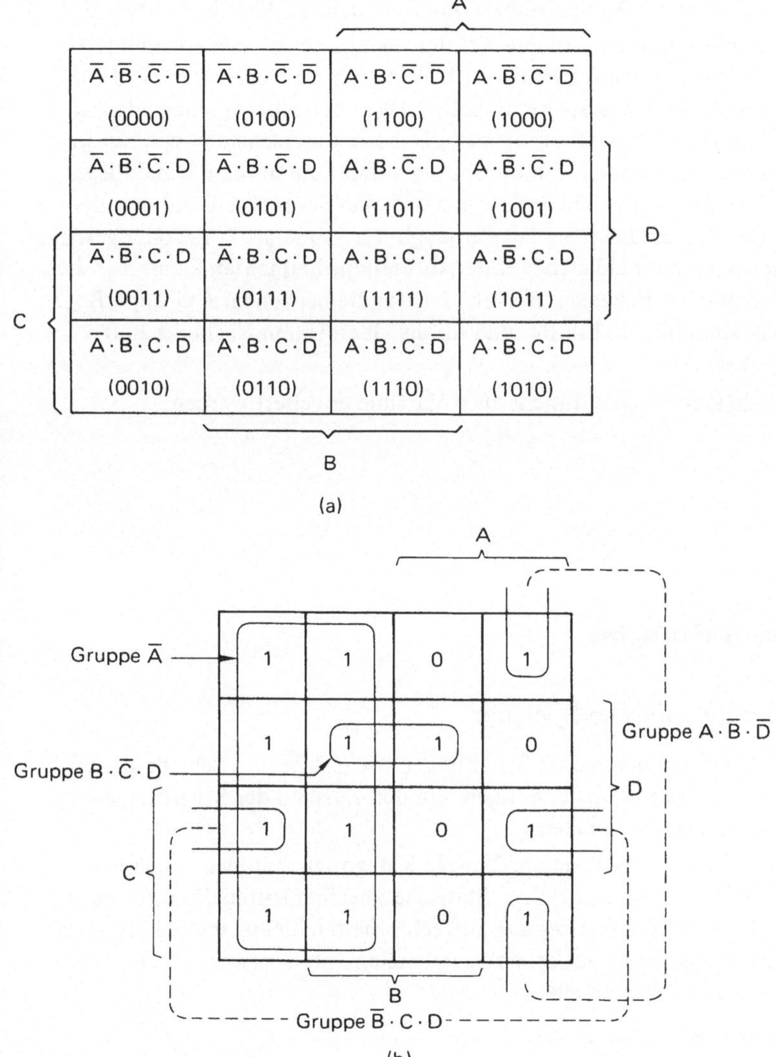

Abb. 7.19. Diagramm für 4 Variable (a) und Diagramm der Funktion
$f = \overline{A} + B \cdot \overline{C} \cdot D + \overline{B} \cdot C \cdot D + A \cdot \overline{B} \cdot \overline{D}$ (b)

Ein Diagramm für 4 Variable

Abb. 7.19(a) zeigt ein Diagramm für 4 Variable mit 2^4 = 16 Zellen; ein Beispiel für ein solches Diagramm zeigt Abb. 7.19(b), in der die Funktion

$$f = \overline{A} + B \cdot \overline{C} \cdot D + \overline{B} \cdot C \cdot D + A \cdot \overline{B} \cdot \overline{D}$$

dargestellt ist.

Die 8 Zellen im linken Teil der Abb. 7.19(b) repräsentieren zusammen die Variable $\overline{A}$, während der Ausdruck $B \cdot \overline{C} \cdot D$ durch das Zellenpaar in der Mitte des Diagramms repräsentiert wird. Ein Beispiel für Nachbarschaft von Randzellen bildet die Gruppe $\overline{B} \cdot C \cdot D$.

Diagramme für 4 Variable zeigen eine andere Art der Nachbarschaft in Karnaugh-Diagrammen, nämlich die *Oben-Unten-Nachbarschaft*. Wenn wir die Codierung für die obersten und untersten Zellen jeder Spalte in Abb. 7.19(a) betrachten, sehen wir, daß sie die Bedingungen für die Nachbarschaft erfüllen. D. h. sie unterscheiden sich nur in einem Bit und wir können den oberen Rand des Diagramms zum unteren Rand biegen und erhalten einen Zylinder. Wir haben bereits gesehen, daß der rechte Rand und der linke Rand benachbart sind, so daß man das Karnaugh-Diagramm als Torus oder geschlossenen Zylinder in der Art eines Schlauches eines Autoreifens betrachten kann. Auf diese Weise erkennen wir, daß die 4 Eckzellen in Abb. 7.19(a) die benachbarte Gruppe $\overline{B} \cdot \overline{D}$ auf diesem Torusdiagramm bilden. Ein Beispiel für die Oben-Unten-Nachbarschaft zeigt die Gruppe $A \cdot \overline{B} \cdot \overline{D}$.

Diese Diagrammethode kann auch auf mehr als 4 Variable erweitert werden.

8. Speicherschaltungen

8.1. Statische und dynamische Speicher

Sequentielle logische Systeme beinhalten Schaltungen wie Zähler und Schieberegister, die Speicherelemente oder *Flip-Flops* benötigen, um den Zustand der Schaltung zu einem bestimmten Zeitpunkt zu speichern.

Halbleiterspeicherschaltungen lassen sich in 2 große Kategorien einteilen — nämlich statische Speicher und dynamische Speicher. Statische Speicher halten die Information beliebig lang, wenn die Spannungsversorgung aufrechterhalten bleibt; sowohl bipolare als auch MOS-Elemente werden in statischen Speicherelementen verwendet. Die häufigsten Typen der statischen Speicherelemente sind:

Setz – Rücksetz (SR) – Flip-Flops,
JK – Flip-Flops,
Trigger (T) – Flip-Flops und
D – Flip-Flops.

Das JK-Element ist das universellste, da man mit ihm alle anderen Typen herstellen kann.
Dynamische Speicher arbeiten auf Grund der Fähigkeit der Gate-Kapazität von MOS-
Schaltelementen, ihre Ladung relativ lang aufrecht zu erhalten (lang, verglichen mit der
Zeit für einen kompletten Operationszyklus im System, was bei Computern nur etwa
einige Hundert μs sein kann). Dynamische Speicher werden im Abschnitt 8.10 be-
handelt.

8.2. Das SR-Flip-Flop

Das grundlegende SR-Flip-Flop mit kreuzweise rückgekoppelten NOR-Gattern zeigt
Abb. 8.1(a). Der Ausgang dieser Schaltung wird mit Q bezeichnet, sein logisches Komplement liegt am Ausgang $\overline{Q}$. Ein logisch *1* Signal am S-Eingang verursacht, daß Q auf
logisch *1* gesetzt wird, unabhängig von seinem vorhergehenden Zustand. Wir können daher den S-Eingang als den betrachten, der uns erlaubt, den Ausgang auf den Zustand *1*
zu setzen. Im selben Augenblick wird der Ausgang $\overline{Q} = 0$. Liegt am R-Eingang eine *1*, so
wird der Ausgang Q auf *0* zurückgesetzt (oder $\overline{Q}$ auf *1* gesetzt). Im folgenden wird die
Schaltung detailliert beschrieben.

Wir wollen annehmen, daß zunächst Q = *0* (d.h. $\overline{Q}$ = *1*) und daß die Eingänge *0* sind.
Dieser Zustand ist stabil, da die logische *1* von G2, die auf G1 zurückgekoppelt wird,
den Ausgang von G1 auf *0* hält. Beide Eingänge von G2 sind *0*, so daß sein Ausgang *1*
ist.

Gelangt ein logisch *1* Signal auf den S-Eingang, fällt der Ausgang von G2 auf *0* und wegen
der Rückkopplung auf den Eingang von G1, steigt der Ausgang von G1 auf logisch *1*. Das
ist der 2. stabile Zustand, in dem Q auf den Wert *1* gesetzt wurde.

Das Signal am S-Eingang muß nur kurzfristig anliegen, da die Rückkopplungsverbindung
der beiden Gatter dem Flip-Flop Speicherwirkung verleiht. Gelangen weitere Impulse auf
den S-Eingang, so wird der Zustand der Schaltung nicht mehr weiter beeinflußt, da sie
bereits im *1*-Zustand ist.

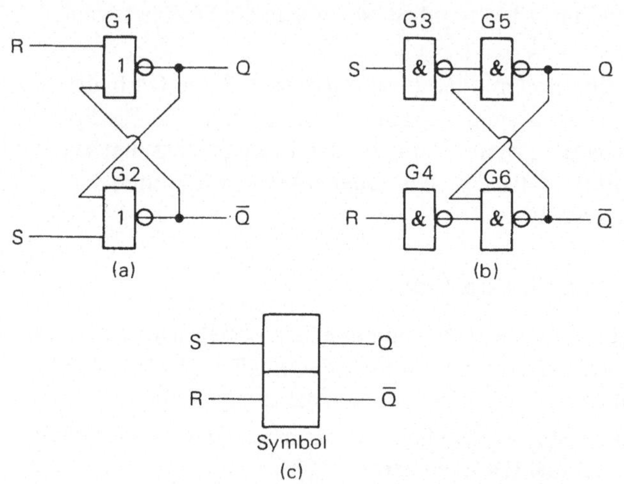

Abb. 8.1

S-R-Flip-Flop aus NOR-Gattern (a)
und NAND-Gattern (b). Schaltsymbol des S-R-Flip-Flop (c)

Durch ein ähnliches Argument erkennt man, daß ein *1*-Impuls am R-Eingang (mit S = *0*) den Ausgang Q auf *0* zurücksetzt.

Liegt an beiden Eingängen S und R gleichzeitig *1*, sind beide Ausgänge *0*. Wenn man jetzt beide Eingangssignale gleichzeitig entfernt, ist der Zustand der Ausgänge nicht bestimmt, da er von der Differenz der Schaltgeschwindigkeit der beiden Gatter abhängt. *Diese Arbeitsweise wird in der Praxis vermieden.*

Da wir uns mit einer Abfolge von Ereignissen in zeitlicher Reihenfolge beschäftigen, legen wir die Arbeitsweise der Schaltungen mit Hilfe einer *sequentiellen Wahrheitstabelle*, die Tabelle 8.1 zeigt, fest.

Tabelle 8.1

S	R	Q_{n+1}	Kommentar
0	0	Q_n	keine Änderung
0	1	0	Rücksetzen
1	0	1	Setzen
1	1	0	unerwünscht

In Tabelle 8.1 ist Q_n der Zustand des Flip-Flop-Ausgangs nach n Operationen und Q_{n+1} der Zustand von Q nach n + 1 Operationen. Wir wollen jetzt annehmen, daß wir n Operationen beendet haben und daß der nächste Schritt am Eingang die (n + 1)-te Eingangskombination darstellt.

Wie oben festgehalten, bleibt der Ausgang unverändert, wenn S = R = *0*, unabhängig vom vorhergegangenen Wert (der Ausgang kann entweder *1* oder *0* gewesen sein). D.h. $Q_{n+1} = Q_n$. Die 2. Zeile der Wahrheitstabelle entspricht dem Rücksetzen (R = *1*, S = *0*), wodurch der Ausgang Q nach der Operation *0* wird. Die 3. Zeile der Wahrheitstabelle ist der Setzvorgang (S = *1*, R = *0*), durch welchen der Ausgang Q = *1* wird. Wenn S = R = *1*, sind bei einem NOR-Speicher beide Ausgänge *0*. Das wird als unerwünscht bezeichnet, da der Ausgangszustand nicht bestimmt ist, wenn man die Eingangssignale gleichzeitig von *1* auf *0* setzt.

Abb. 8.1(b) zeigt ein NAND-SR-Flip-Flop mit den Invertergattern G3 und G4 in den Eingangsleitungen. Das Flip-Flop selbst besteht aus den Gattern G5 und G6. Die Erklärung der Wirkungsweise der Schaltung ist als Übung für den Leser gedacht, um sein Geschick zu testen. Das SR-Flip-Flop (entweder NOR- oder NAND-) wird durch das Schaltsymbol von Abb. 8.1(c) dargestellt.

8.3. Das taktzustandsgesteuerte SR-Flip-Flop

Es ist oft sehr nützlich, alle Ereignisse in einem System mit einem gemeinsamen Synchronisierimpuls oder Taktimpuls zu steuern. Auf diese Weise ist es möglich, Signale für Flip-Flops zu einem präzisen Zeitpunkt zu takten. Eine Methode dafür zeigt Abb. 8.2.

Bei NAND-Flip-Flops, wie in Abb. 8.1(b) werden keine zusätzlichen Gatter benötigt, da man das Taktsignal an die Gatter G3 und G4 legen kann.

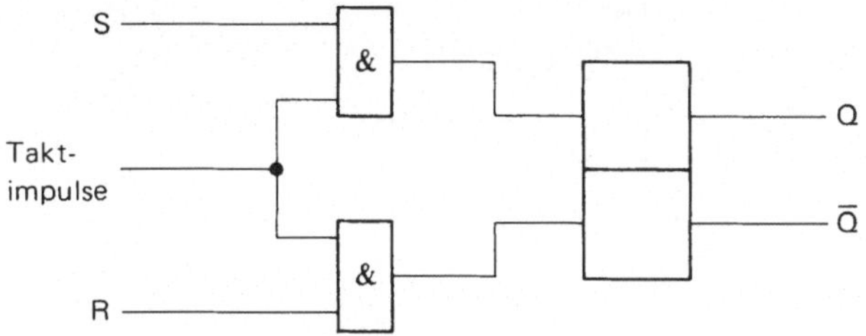

Abb. 8.2
S-R-Flip-Flop mit Vorbereitung

8.4. Kontaktprellschutz

Elektrische Schalter werden oft dazu verwendet, um Signale an digitale Systeme anzulegen, aber alle herkömmlichen Schalter erzeugen durch Kontaktprellungen Störungen. Wenn man so ein Signal an einen Zähler anlegt, dann zählt dieses System jeden Störimpuls als ob er ein richtiges Ein/Aus-Signal wäre. Zwei Methoden zur Verhinderung von Kontaktprelleffekten zeigt Abb. 8.3. Bei der Schaltung nach Abb. 8.3(a) verwendet man ein SR-Flip-Flop mit NOR-Gattern, da in NOR-Netzwerken die Gatter durch ein logisch *1* Signal gesperrt werden. Wenn der Schalter X in Stellung S gebracht wird, kommt der Ausgang Q sofort auf *1* und ändert sich auch bei beliebig vielen Kontaktprellungen nicht mehr. Der Ausgang Q wird als Ausgang des Schalters verwendet.

In NAND-Schaltungen sperrt ein logisches *0* Signal die Gatter. Abb. 8.2(b) zeigt eine häufig verwendete Schaltung zur Vermeidung von Kontaktprellungen bei NAND-Schaltwerken. Durch Anlegen von *0* auf einen Eingang eines Gatters wird der Ausgang dieses Gatters auf *1* gebracht.

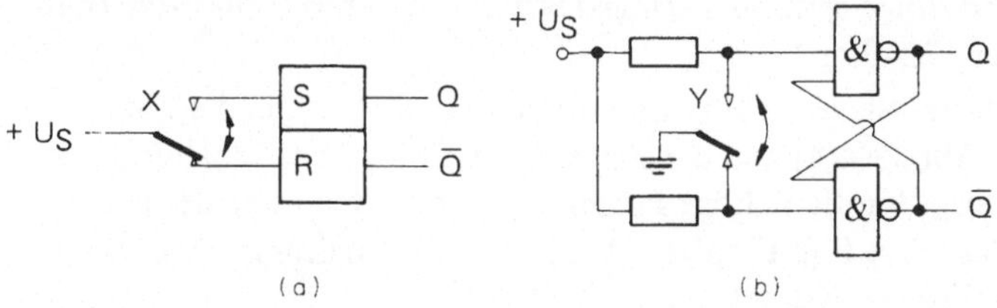

Abb. 8.3. Schaltung zur Vermeidung von Kontaktprellungen

8.5. Master-Slave-Flip-Flop

Beim Streben nach höheren Arbeitsgeschwindigkeiten wurden verschiedene Flip-Flop-Typen entwickelt. Die Basis der modernen Flip-Flops ist die Master-Slave-Schaltung.

Das grundlegende Prinzip für Master-Slave-Flip-Flops zeigt Abb. 8.4(a). Sie enthält zwei SR-Flip-Flops, die durch zwei synchron betriebene Schalter S 1 und S 2 verbunden sind. Die Schalter arbeiten in der Weise, daß S 1 offen ist, wenn S 2 geschlossen und umgekehrt. Wenn das Taktsignal *0* ist, dann ist S 1 offen und S 2 geschlossen, so daß die im Master gespeicherte Information an den Slave übertragen wird. Abb. 8.4(b) zeigt die Kurvenform des Taktsignals und die oben beschriebenen Vorgänge im Abschnitt A.

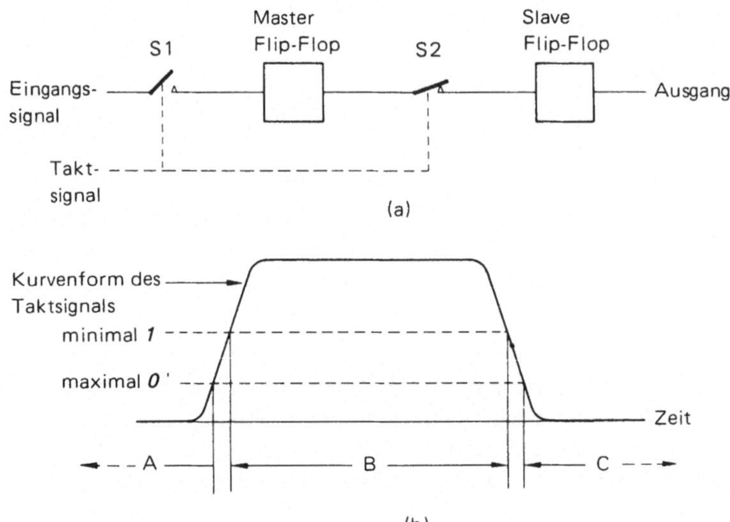

Abb. 8.4. Prinzip des Master-Slave-Flip-Flop (a) und sein Zeitverhalten (b)

Wenn der Taktsignalpegel auf *1* steigt (Abschnitt B in Abb. 8.4(b)), wird S 1 geschlossen und S 2 geöffnet. Zu diesem Zeitpunkt werden neue Daten in den Master eingeschrieben, während der Slave die alten Daten enthält. Wenn das Taktsignal wieder auf *0* fällt (Abschnitt C in Abb. 8.4(b)), öffnet S 1 und S 2 schließt sich. Das trennt den Master von den Eingängen und verbindet ihn mit dem Slave und die neuen Daten werden in den Slave übernommen. D. h. *die neuen Eingangsdaten gelangen mit der hinteren Flanke des Taktimpulses an den Ausgang des Flip-Flops.*

Ein Blockdiagramm eines Master-Slave-SR-Flip-Flop zeigt Abb. 8.5, wobei die Gatter G 1 und G 2 dem Schalter S 1 in Abb. 8.4(a) und die Gatter G 3 und G 4 dem Schalter S 2 entsprechen. Der Inverter G 5 sorgt für die richtige Phasenlage der Ansteuerung der beiden Schalter. Das Master- und das Slave-Flip-Flop von Abb. 8.5 sind Schaltungen von der Art, wie sie in Abschnitt 8.2 beschrieben wurden.

Monolithische TTL-IC-Flip-Flops können mit Taktfrequenzen bis ca. 35 MHz arbeiten.

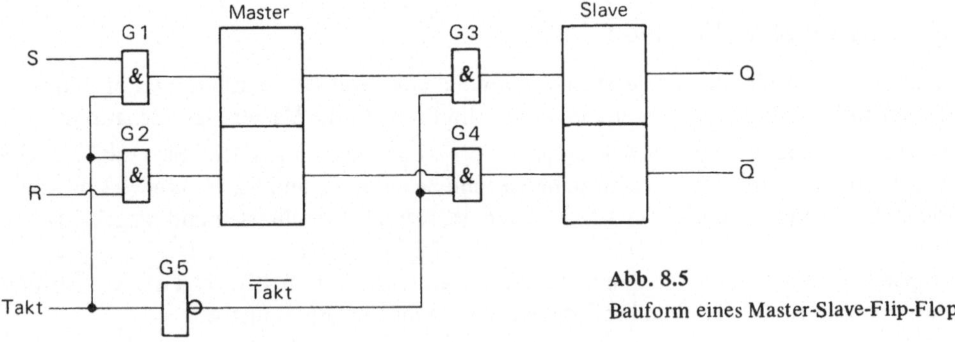

Abb. 8.5

Bauform eines Master-Slave-Flip-Flop

8.6. Das Master-Slave-JK-Flip-Flop

Die Grundform eines Master-Slave-JK-Flip-Flops zeigt Abb. 8.6. Es ähnelt in der Struktur dem Master-Slave-SR-Flip-Flop mit der Ausnahme, daß die Ausgänge, wie Abb. 8.6 zeigt, an die Eingänge rückgekoppelt werden. Außerdem sieht man zusätzlich Eingänge vor und obwohl sie die prinzipielle Arbeitsweise der Schaltung nicht ändern, steigern sie doch die Vielseitigkeit dieses Flip-Flop-Typs. Durch Hinzufügen der Gatter G6 und G7 kann man den Ausgang entweder auf *1* setzen oder auf *0* rücksetzen. Bei einigen Flip-Flops wird der Rücksetzeingang auch Löscheingang (CLEAR) genannt. Wie zuvor entsprechen die Gatter G1 und G2 dem Schalter S1 von Abb. 8.4(a) und G3 und G4 sind äquivalent zu S2 der selben Abbildung. Die sequentielle Wahrheitstabelle für Abb. 8.6 zeigt Tabelle 8.2.

Tabelle 8.2.

J	K	Q_{n+1}	Kommentar	
0	0	Q_n	keine Änderung	
0	1	0	Setzen	$\bigg\}$ S – R Arbeitsweise
1	0	1	Rücksetzen	
1	1	$\overline{Q}_n$	Toggle- oder Trigger-Funktion (Frequenzteiler)	

Ehe wir die Arbeitsweise dieser Schaltung beschreiben, wollen wir uns mit einigen Folgerungen aus der Wahrheitstabelle beschäftigen. Wenn wir die Tabellen 8.1 und 8.2 vergleichen, so sehen wir, daß die Wahrheitstabelle des SR- und JK-Flip-Flops in den ersten 3 Zeilen übereinstimmen, wenn wir die J- bzw. K-Eingänge den S- bzw. R-Eingängen entsprechen lassen. D. h. man kann ein SR-Flip-Flop durch ein JK-Flip-Flop ersetzen.

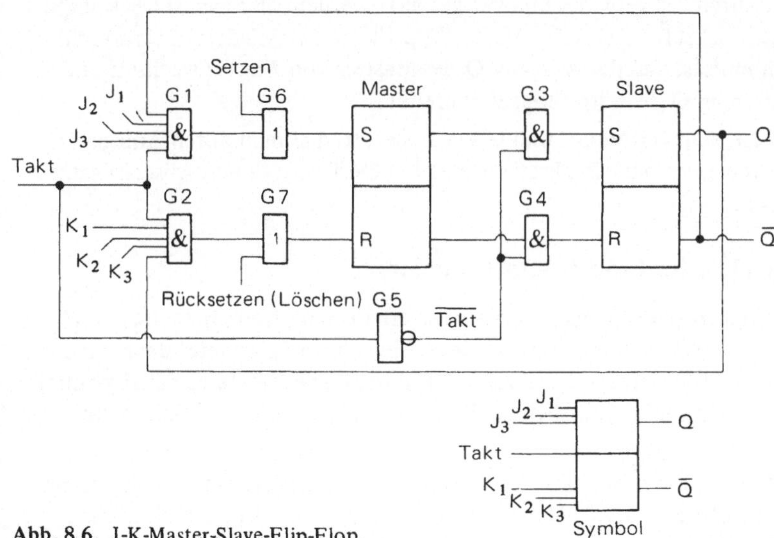

Abb. 8.6. J-K-Master-Slave-Flip-Flop

Wenn $J = K = 1$, arbeitet die Schaltung als *Toggle-Flip-Flop* oder *Trigger-Flip-Flop*, dessen Ausgang sich mit jeder hinteren Taktflanke ändert. D. h. wenn anfänglich $Q = 0$, dann ändert sich der Ausgang am Ende des ersten Taktimpulses auf *1* und am Ende des 2. Taktimpulses wird er wieder *0* und der Vorgang wiederholt sich solange als $J = K = 1$. Flip-Flops, die in dieser Weise arbeiten, werden sehr häufig in Zählsystemen (vgl. Kapitel 10) verwendet. Jetzt wollen wir die Arbeitsweise der Schaltung von Abb. 8.6 beschreiben.

Wenn $J = K = 0$, sind G1 und G2 gesperrt und die Eingangssignale gelangen nicht an das Master Flip-Flop. Die Ausgänge bleiben daher unverändert und es gilt $Q_{n+1} = Q_n$.

Die Arbeitsweise für $J = 1$ und $K = 0$ wollen wir in 2 Abschnitten betrachten: wenn der ursprüngliche Wert von Q *0* ist und wenn er *1* ist. Beginnen wir mit dem Fall $Q = 0$. In diesem Fall gilt $\overline{Q} = 1$ und wenn der Taktimpuls kommt, wird T1 geöffnet und das *1*-Signal gelangt auf den S-Eingang des Master Flip-Flop. Gatter 2 bleibt gesperrt, nicht nur wegen der *0* auf dem K-Eingang, sondern auch wegen der *0* von der Rückkopplung vom Ausgang Q. Wenn der Taktimpuls wieder auf *0* fällt, wir die *1* vom Ausgang Q des Master in die Slave-Stufe des Flip-Flops weitergeleitet und verursacht, daß sich der Ausgang Q des Slave von *0* auf *1* ändert.

Für den Fall, daß Q anfänglich *1* ist ($\overline{Q} = 0$), sperrt das $\overline{Q}$-Signal das Gatter G1 und die Zustände von Master und Slave bleiben unverändert und auch der Ausgang bleibt *1*.

Die Arbeitsweise für $J = 0$ und $K = 1$ ist gleich der oben beschriebenen, wenn man J statt K, K statt J, G1 statt G2, G2 statt G1, Q statt $\overline{Q}$ und $\overline{Q}$ statt Q setzt.

Wenn $J = K = 1$, dann wird entweder G1 oder G2 geöffnet, wenn der Takt *1* wird. Die Auswahl des Gatters erfolgt durch die Rückkopplung der Ausgänge. Angenommen, der Anfangszustand sei $Q = 0$ und $\overline{Q} = 1$. Daraus folgt, daß G1 geöffnet und G2 gesperrt ist, so daß die *1* vom J-Eingang in das Master-Flip-Flop gelangt. Am Ende des 1. Taktimpulses gelangt diese *1* an den Setzeingang des Slave, so daß Q und *0* auf *1* wechselt. Die Rückkopplungsbedingungen haben sich jetzt geändert, so daß eine *1* an G2 und eine *0* an G1 anliegt, wodurch G2 geöffnet und G1 gesperrt werden. Der nächste Taktimpuls bringt eine *1* an den Rücksetzeingang des Master-Flip-Flops. Das wiederum verursacht am Ende des Taktimpulses, daß der Ausgang Q des Masters von *1* auf *0* wechselt und damit eine *1* am Ausgang Q des Flip-Flops vorbereitet.

Solange der Takt *0* ist, sind Gatter G3 und G4 geöffnet, so daß man durch Anlegen eines *1*-Signales an den Setz- oder Rücksetzeingang bei G6 bzw. G7 den Ausgang setzen oder rücksetzen kann.

8.7. Das Trigger-(T)-Flip-Flop (Frequenzteiler)

Ein Flip-Flop mit Trigger- oder Toggle-Arbeitsweise erhält man, wenn man die J- und K-Eingänge wie Abb. 8.7(a) zeigt, an logisch *1* legt. Die Schaltung arbeitet dann wie im vorletzten Absatz von Abschnitt 8.6 beschrieben. Ein häufig verwendetes Schaltsymbol für T-Flip-Flops zeigt Abb. 8.7(b), wobei der T-Eingang dem C (Clock)-Eingang von Abb. 8.7(a) entspricht.

Manche JK-Flip-Flops arbeiten auch als T-Flip-Flops, wenn man die J- und K-Eingänge offen läßt. Dadurch erübrigt sich manchmal die Ansteuerung von J und K durch ein logisch *1* Signal. Eine Anwendung dieses Verfahrens wird in Abschnitt 10.3 beschrieben.

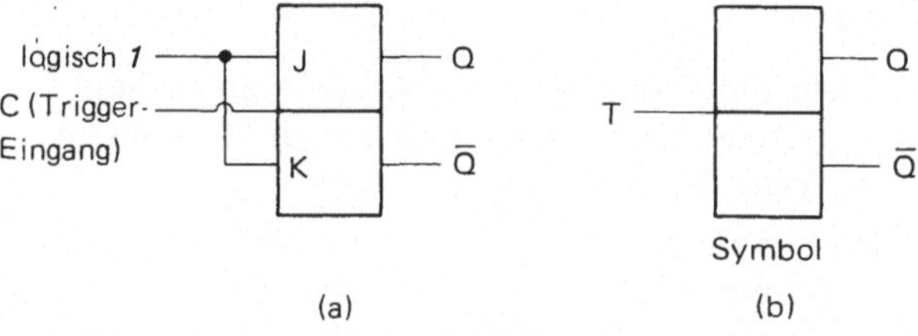

Abb. 8.7
T (Trigger)-Flip-Flop (aus einem J-K-Flip-Flop (Frequenzteiler) gebildet)

8.8. Das D-Master-Slave-Flip-Flop

Abb. 8.8 zeigt das grundlegende Blockschaltbild eines Master-Slave-Flip-Flops vom D-Typ, das aus einem JK-Flip-Flop dessen Eingang über einen Inverter angesteuert wird, besteht. Der Effekt dieses zusätzlichen Inverters ist, daß die Signale an J und K immer komplementär sind und daß daher die Wahrheitstabelle eines D-Flip-Flops aus der 2. und 3. Zeile der Tabelle 8.2 besteht. Es ergibt sich eine Wahrheitstabelle nach Tabelle 8.3.

Tabelle 8.3

D	Q_{n+1}	Kommentar
0	0	Rücksetzen
1	1	Setzen

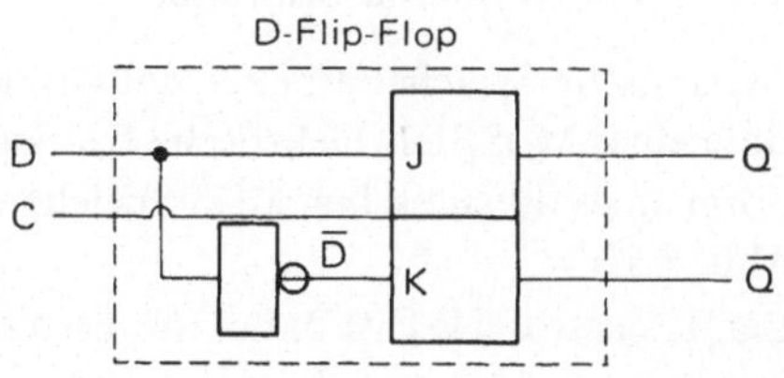

Abb. 8.8
D-Flip-Flop (aus einem J-K-Flip-Flop gebildet)

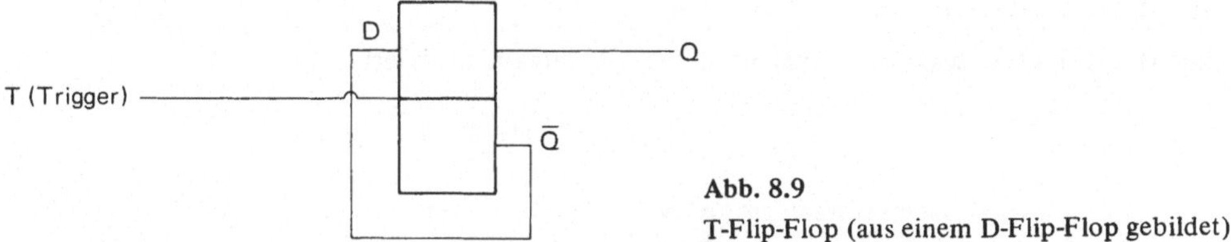

Abb. 8.9
T-Flip-Flop (aus einem D-Flip-Flop gebildet)

Das D-Flip-Flop ist auch unter dem Namen *Verzögerungs (delay)-Flip-Flop* oder als *Daten-Flip-Flop* bekannt und verzögert die Übertragung von Daten zwischen Eingang und Ausgang für ein Zeitintervall, das einem Taktimpuls entspricht. Es ist sehr weit verbreitet als Daten-Puffer zwischen Zählern und digitalen Anzeigeeinheiten.

Das D-Flip-Flop hat den Vorteil gegenüber dem JK-Flip-Flop, daß es nur einen Eingang hat und daher die Verbindung zwischen solchen Elementen einfach ist.

Wenn man den Ausgang $\overline{Q}$ eines D-Flip-Flops wie in Abb. 8.9 rückkoppelt und den Takt am T-Eingang anschließt, erhält man ein Toggle- oder Trigger-Flip-Flop.

8.9. Flankengesteuerte Flip-Flops

In den bis jetzt beschriebenen Master-Slave-Flip-Flops bleibt das Master-Flip-Flop aktiv
(d.h. ist mit den Eingängen verbunden), solange das Taktsignal auf logisch *1* liegt und der
Datentransfer zum Ausgang findet statt, wenn das Taktsignal auf *0* fällt.

Bei den sogenannten flankengesteuerten Flip-Flops werden Daten entweder mit der Auf-
wärtsflanke *(positiv-flankengesteuert)* oder der fallenden Flanke *(negativ-flankengesteuert)*
des Taktimpulses an den Ausgang übernommen. Wir wollen nun die Arbeitsweise eines po-
sitivflankengesteuerten Flip-Flops betrachten.

Die Daten (JK- oder D-Signale) müssen eine gewisse Zeit (*Set-up-Zeit,* typisch 10 ns),
ehe der Taktimpuls seinen Schwellwert (typisch 1,5 V bei TTL-Schaltungen) erreicht,
anliegen. Nach dem Erreichen dieses Wertes durch den Taktimpuls muß die Eingangs-
information für ein Zeitintervall, bekannt unter dem Namen *Hold-Zeit* (typisch 0 bis 5 ns),
bestehen bleiben. Nach diesem Zeitpunkt werden die Eingänge abgehängt und verursachen
keinen weiteren Effekt, bis der Takt wieder *0* wird.

8.10. Dynamische Speicher

Dynamische Speicher arbeiten auf Grund der Fähigkeit der parasitären Kapazität des
Gate eines MOSFET, elektrische Ladung zu speichern. Die einfachste und verbreitetste
Form eines dynamischen MOS-Speichers ist die Schaltung aus drei Transistoren von
Abb. 8.10.

Der Transistor TR 1 ist das aktive Element, das die Information in der parasitären Gate-
Kapazität C speichert. Eine logische *1* wird in den Speicher geladen, wenn man die Kapazität C auflädt. Das geschieht, indem man eine negative Spannung über den *Schreibaus-
wahl-Eingang* an das Gate von TR 2 legt und dann C über den *Dateneingang* auf eine
negative Spannung auflädt. Nach einiger Zeit ist die Ladung in C ein wenig abgefallen und
die Information wird *aufgefrischt*, indem man die Daten wiederum einschreibt. Dieser
Vorgang wird ca. alle 2 ms wiederholt. Wenn man C entladen will, wird der Dateneingang
auf 0 V gehalten, während der Schreibauswahleingang aktiviert wird.

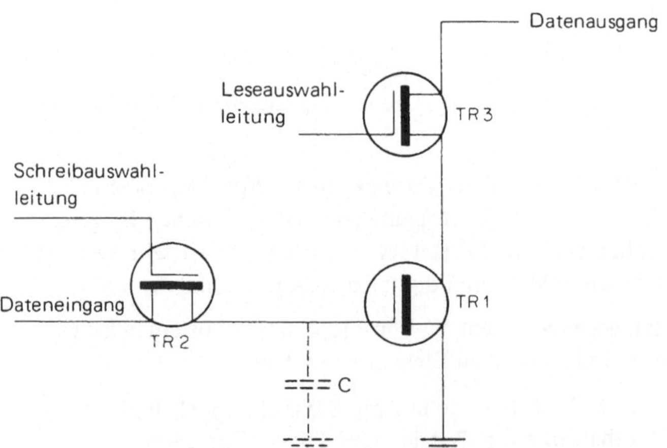

Abb. 8.10

Grundlegende Form eines dynamischen Speichers

Um Daten aus dem Speicher *auszulesen*, wird TR3 durch Anlegen einer negativen Spannung an den *Leseauswahl-Eingang* eingeschaltet und der Zustand der Speicherzelle am Strom durch den *Datenausgang* abgefragt. Die *Zugriffszeit* zur gespeicherten Information beträgt etwa 150 ns.

8.11. RAM, ROM und CAM

Die Verwendung bestimmter Bezeichnungen im Zusammenhang mit logischen Schaltungen wechselt dauernd, aber gewisse Ausdrücke haben sich als Standardterminologie eingebürgert und beinhalten auch RAM, ROM und CAM.

RAM

Ein RAM (Random Access Memory) ist ein Speicher mit wahlfreiem Zugriff, d. h. eine Reihe von Speicherzellen, in der jede einzelne Zelle mit Hilfe einer *Adresse* angesprochen werden kann. Angenommen, man ordnet 9 Flip-Flops in einer Matrix wie in Abb. 8.11(a). Jedes Flip-Flop hat dann eine Adresse im Speicher und die Adresse des oberen linken Speicherelements ist Zeile 1, Spalte 1, was wir mit 1,1 abkürzen. Das Flip-Flop mit der Adresse 1,2 liegt in Zeile 1, Spalte 2. Durch Ansteuerung der Zeilenauswahlleitung 2 und der Spaltenauswahlleitung 3 „adressieren" wir das Flip-Flop FF 2,3 an der Adresse 2,3.

Auf diese Weise erhalten wir in beliebiger Art Zugriff zu jeder Speicherzelle. Wenn man auf eine Speicherzelle zugegriffen hat, kann man entweder Daten in sie hineinschreiben oder aus ihr Daten herauslesen.

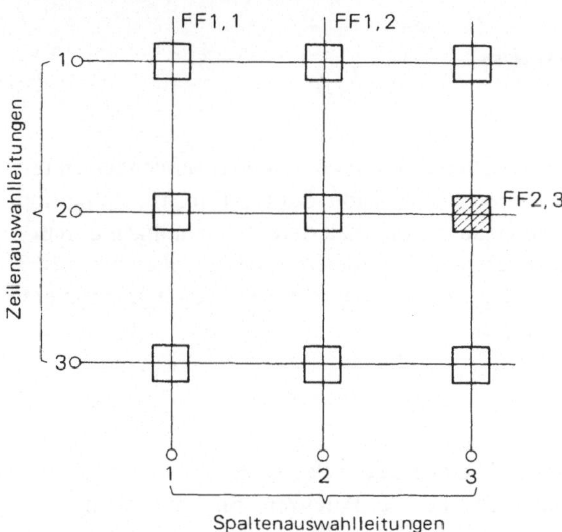

Abb. 8.11
Prinzip eines RAM

ROM

Ein ROM (Read Only Memory) ist ein Speicher, der feste Daten enthält, die nicht geändert werden können. Man kann ein ROM z. B. dafür verwenden, um ein Programm zu speichern, das die Funktionsweise einer elektrischen Schreibmaschine überprüft.

Die Daten in einem ROM sind oft durch den Anwender festgelegt und werden entweder bei der Herstellung oder bei elektrisch programmierbaren ROMs (PROM) vor dem Einsetzen in das Gerät eingetragen.

CAM

Ein Speicher, den man nicht mit einer Adresse, sondern auf Grund seines Inhaltes erreichen kann, wird CAM (Content Addressable Memory) oder assoziativer Speicher genannt. Wenn man z. B. ein Auto zuläßt, muß man Type, Farbe, Zulassungsjahr usw. angeben. Wenn man nun die Anzahl von Autos einer bestimmten Farbe, die in einer gewissen Region eines Landes gekauft wurden, feststellen will, kann man das auf einfache Weise dadurch tun, daß man den Inhalt gewisser Teile jeder Speicherzelle mit Bezugsdaten vergleicht. Wenn man die gewünschten Daten dadurch erhalten will, daß man alle Zellen des Speichers durchsuchen will, würde man wesentlich länger brauchen.

9. Arithmetische Operationen

Elektronische Rechner werden heute in fast allen Gebieten des Lebens verwendet und die grundlegenden Operationen dieser Geräte sind Addition, Subtraktion, Multiplikation und Division. Kompliziertere Geräte können auch kompliziertere Berechnungen durchführen, wie etwa Wurzelziehen, Logarithmieren usw. In diesem Kapitel wollen wir uns mit den Prinzipien der vier grundlegenden Operationen beschäftigen, da die komplexeren Operationen Sache eines Buches über Computer wären.

9.1. Das Binärsystem

Genauso wie man eine Zahl als Summe von Vielfachen der Potenzen von 10 darstellen kann, kann man sie auch als Summe von Vielfachen der Potenzen von 2 darstellen. Beispielsweise kann man die Zahl 14 in dezimaler Form darstellen als

$$(1 \cdot 10^1) + (4 \cdot 10^0)$$

Dieselbe Zahl in binärer Form ausgedrückt lautet

$$(1 \cdot 2^3) + (1 \cdot 2^2) + (1 \cdot 2^1) + (0 \cdot 2^0)$$

Die Anzahl der Ziffern eines Zahlensystems nennt man die *Wurzel* des Systems. Das dezimale oder denäre System verwendet die 10 Ziffern 0, 1, 2, ... 7, 8 und 9 und hat daher die Wurzel 10. Das Binärsystem verwendet die Ziffern 0 und 1 und hat daher die Wurzel 2. Die Beziehung zwischen den ersten 16 Werten der beiden Zahlensysteme (dezimal 0 bis dezimal 15) zeigt Tabelle 9.1. Die binäre Zahlenfolge ist unter dem Namen *(Natürlicher) Binärcode* bekannt.

Tabelle 9.1

	dezimal		binär			
dezimales Gewicht	10^1 (10)	10^0 (1)	2^2 (8)	2^2 (4)	2^1 (2)	2^0 (1)
	0	0	0	0	0	0
	0	1	0	0	0	1
	0	2	0	0	1	0
	0	3	0	0	1	1
	0	4	0	1	0	0
	0	5	0	1	0	1
	0	6	0	1	1	0
	0	7	0	1	1	1
	0	8	1	0	0	0
	0	9	1	0	0	1
	1	0	1	0	1	0
	1	1	1	0	1	1
	1	2	1	1	0	0
	1	3	1	1	0	1
	1	4	1	1	1	0
	1	5	1	1	1	1

Jede Stelle im Binärcode besitzt ein dezimales Äquivalent oder *Gewicht*, das unmittelbar links vom Binärkomma (das binäre Äquivalent zum Dezimalkomma) mit 1 beginnt und seinen Wert mit jeder folgenden Stelle verdoppelt, d. h. beginnend am Binärkomma steigen die Gewichte mit der Folge 1, 2, 4, 8, 16, 32 usw. Eine Eigenschaft des Binärsystems ist, daß jede Ziffer nur 2 mögliche Werte annehmen kann, die den logischen Pegeln *0* und *1* entsprechen. Jede binäre Ziffer wird Bit genannt (<u>b</u>inary di<u>git</u>) und ein 4-Bit-Code von der Art aus Tabelle 9.1 kann $2^4 = 16$ verschiedene Werte darstellen.

9.2. Bruchzahlen

Wie bei den Dezimalzahlen können auch binäre Zahlen, die einen Wert kleiner als 1 besitzen, als Summe von Potenzen von 2 dargestellt werden, wobei die Potenzen, zu denen die Wurzel erhoben wird, negatives Vorzeichen haben.

Binärwert	Dezimalwert
$1 \cdot 2^{-1} = 0{,}1$	$0{,}5$
$1 \cdot 2^{-2} = 0{,}01$	$0{,}25$
$1 \cdot 2^{-3} = 0{,}001$	$0{,}125$
$1 \cdot 2^{-4} = 0{,}0001$	$0{,}0625$

Die Dezimalzahl 6,625 wird also in Binärform durch 110,101 dargestellt — das entspricht
$4 + 2 + 0 + 0{,}5 + 0 + 0{,}125$.

9.3. Binäraddition

Unabhängig von der Wurzel eines Zahlensystems sind bei der Addition zweier Zahlen
immer die gleichen mathematischen Vorgänge anzutreffen. D. h. wenn die Summe zweier
Zahlen kleiner ist als die Wurzel, schreiben wir sie einfach hin. Wenn wir z. B. die Dezimalzahlen 4 und 5 addieren, schreiben wir die Summe als 9 an. Wenn die Summe größer
als die Wurzel ist, notieren wir den Betrag, um den die Summe größer als die Wurzel ist
und übertragen „1" zur nächsten Spalte der Addition. Es ist entscheidend, daß bei der
Addition zweier Dezimalzahlen der „Übertrag" entweder 0 oder 1 ist und niemals einen
anderen Wert annehmen kann. Wenn wir daher die Dezimalzahlen 9 und 8 addieren, notieren wir 7 und einen Übertrag von 1 auf die nächste Spalte der Addition. Dieser Übertrag ist der *Übertragausgang* C_O (Carry). Dieser pflanzt sich fort zur nächsten Addition
und wirkt dort als *Übetragseingang* C_I.

D. h. die Addition kann als aus zwei Schritten bestehend betrachtet werden. Im 1. Schritt
addieren wir zwei Zahlen, die *Addend* und *Augend* genannt werden und erzeugen eine
Summe und einen Übertrag. Dann addieren wir zur Summe den Übertrag aus der vorhergehenden Berechnung. Diese beiden Teile werden als „Halbadditionen" bezeichnet
und das Gesamtresultat ist die Volladdition. Elektronische Addierwerke verwenden zwei
Halbaddierer (vgl. Abschnitt 9.4), um ein Volladdierwerk zu bilden. Der vollständige
Additionsvorgang für Binärzahlen wird im folgenden illustriert.

Bei der Addition der beiden binären Zahlen, deren Dezimaläquivalente 11 und 14 lauten,
verfahren wir wie folgt:

dezimal	binär	Bemerkungen
11	1011	Addend
14	1110	Augend
	0101	1. Teilsumme
	1010	Übertrag der 1. Halbaddition
	10001	2. Teilsumme
	0100	Übertrag der 2. Halbaddition
25	1001	Summe

Wir wollen den Vorgang Schritt für Schritt betrachten. In der 2^0-Spalte müssen wir zunächst $1 + 0 = 1$ addieren und erhalten als Übertrag 0. Aus Bequemlichkeitsgründen
verschieben wir diesen Übertragausgang (0) um eine Stelle nach links, so daß er in der
richtigen Stellung für die Addition in der 2^1-Spalte ist. In der 2^1-Spalte haben wir die

Addition 1 + 1 im Binärsystem. Wir können die Summe natürlich nicht als 2 anschreiben, da das Binäräquivalent von 2 gleich 10 ist (vgl. Tabelle 9.1). D. h. 1 + 1 = 0, Übertrag 1. Wiederum wird der Übertrag, dieses Mal eine 1, nach links geschoben, um als Übertragseingang für die 2^2-Addition zu dienen. Dieser Vorgang wird wiederholt, bis wir die Teil-Summe von Addend und Augend zusammen mit den Übertragsstellen errechnet haben.

Die 1. Teilsumme und die Überträge aus der 1. Halbaddition geben eine 2. Teilsumme und einen 2. Übertrag. Die Addition dieser beiden binären Zahlen ergibt die korrekte Summe der beiden Zahlen.

9.4. Addierschaltungen

Wir haben bis jetzt gezeigt, daß man die Addition in 2 Teilen behandeln kann, d. h. als Verbindung zweier Halbaddierstufen. Wir wollen jetzt die Wahrheitstabelle für die 1. Halbaddition von Addend A und Augend B in Tabelle 9.2 betrachten.

Tabelle 9.2

| Eingänge | | Summe | Übertrag |
A	B	S	C
0	0	0	0
0	1	1	0
1	0	1	0
1	1	0	1

Aus den Zusammenhängen zwischen den Eingängen A und B und der Summe S erkennen wir

$$S = A \cdot \overline{B} + \overline{A} \cdot B$$

d. h. eine *Summe* 1 wird erzeugt, wenn A *antivalent* B. Es genügt daher, die Summe zweier Binärzahlen mit einem Antivalenzgatter zu erzeugen.

Aus der Beziehung zwischen den Eingängen und dem Übertrag C erkennen wir

$$C = A \cdot B$$

Durch Realisierung dieser Beziehung in der Form einer logischen Schaltung erhalten wir das Netzwerk von Abb. 9.1, das sowohl Summe als auch Übertrag erzeugt. Als Alternative können wir die Schaltung aus Kapitel 7 (Abb. 7.11(c)), die ebenfalls Summe und Übertrag erzeugt, verwenden.

Um die Addition zu vervollständigen, müssen wir den Übertragseingang C_I zur Summe S, die durch den Halbaddierer von Abb. 9.1 erzeugt wird addieren. Die vollständige Addition liefert uns dann den *Summenausgang* S_o und gegebenenfalls einen weiteren *Übertrag* C_o. Die Erzeugung der beiden Überträge wurde in dem Beispiel von Abschnitt 9.3 erläutert. Ein Volladdierwerk, das die Ausgänge der beiden Halbaddierer verbindet, zeigt Abb. 9.2, wobei man den *Übertragsausgang* C_o aus der ODER-Verbindung der beiden Übertragsausgänge der Halbaddierwerke gewinnt.

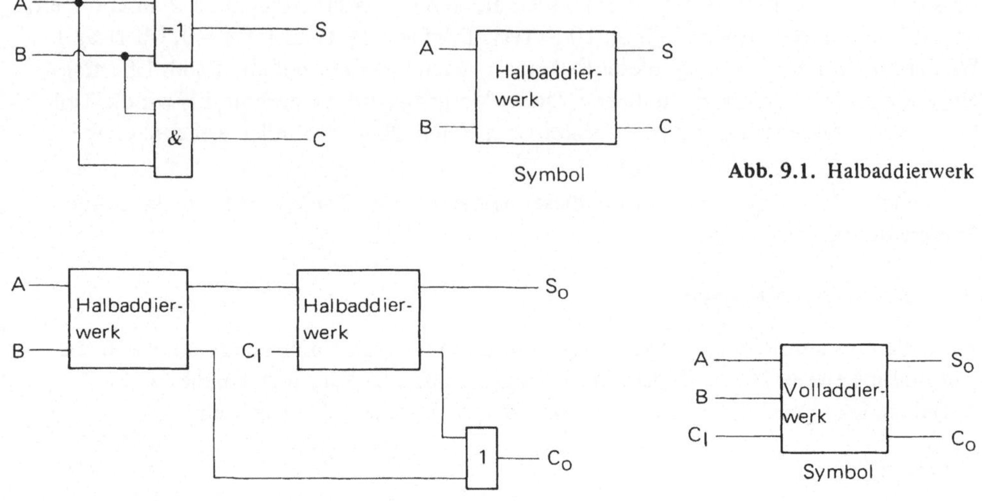

Abb. 9.1. Halbaddierwerk

Abb. 9.2. Volladdierwerk

Serienaddierwerk

Die Zahlen A und B können der Teil einer Folge von binären Ziffern sein, die etwa aus dem Speicher eines Computers kommen. Die essentiellen Teile eines Serienaddierwerkes zeigt Abb. 9.3. Die 2^0-Ziffern beider Zahlen gelangen an die Eingänge A und B des Serienaddierwerkes, dabei entsteht die Summe S_O am Ausgang. Das Übertrag-Signal aus dieser Additionsstufe wird in *Übertragsspeicher* FFC gespeichert.

Wenn die 2^1-Bits der Zahlen A und B an die Eingänge des Addierwerkes gelangen, werden sie zusammen mit dem vorigen Wert des Übertragsausgangs aus der 2^0-Addition zusammengefaßt. Damit das C_O-Bit zur richtigen Zeit, d.h. zusammen mit dem 2^1-Bits von A und B

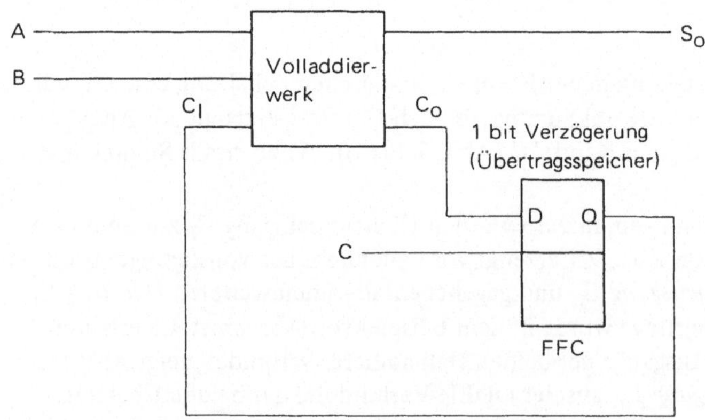

Abb. 9.3. Serienaddierwerk

am Eingang C_I gelangt, wird der Übertragspeicher mit einem Taktsignal gesteuert. In Abb. 9.3 wird ein D-Flip-Flop als Übertragsspeicher verwendet. Der nächste Absatz enthält mehr über die Steuerung des Informationsflusses.

In seriellen Rechenwerken werden die Zahlen A und B und die Summe S_o in Speichern abgelegt, die als Schieberegister (s. Kapitel 12) bekannt sind. Jedes Bit der Zahlen A und B wird in das Addierwerk unter Kontrolle eines Takt- oder Schiebeimpulses C hineingeschoben. Indem man einen gemeinsamen Schiebeimpuls für die Dateneingänge A und B und den Übertragsspeicher verwendet, erhält man die richtige Zeitverzögerung für das Übertragsbit, so daß die gewünschte Operation durchgeführt wird. Wenn jede Zahl 4 bit enthält, dann sind 4 Schiebeimpulse nötig, um die Addition fertigzustellen.

Paralleladdierwerk

In manchen Schaltungen muß man die Zeit, die für eine mathematische Operation aufgewendet wird, möglichst klein halten. In diesen Fällen verwendet man Paralleladdition, da bei Paralleladdierwerken alle Binärziffern gleichzeitig an das Addierwerk gelangen und die Addition in einem ausgeführt wird.

Ein Blockschaltbild eines 4-Bit-Parallelvolladdierwerkes zeigt Abb. 9.4. Ein vollständiges Netzwerk dieser Art in IC-Form ist als *4-Bit-Volladdierer* bekannt und in einem DIL-Gehäuse mit 16 Anschlüssen erhältlich. Die Eingänge A1, A2, A3 und A4 entsprechen den Binärziffern der Zahl A, wobei A4 das *höchstwertige* Bit (Most Significant Bit, MSB) ist. Wie man aus den Abbildungen 9.3 und 9.4 ersieht, sind Paralleladdierwerke komplexer als Serienaddierwerke und sind daher teurer in der Herstellung. In der gezeigten Schaltung wird jedes Bit von A und B addiert und der Übertrag sofort an die nächste Bitstelle weitergeleitet. D.h. die Zeit, die man benötigt, um 2 Zahlen zu addieren, ist die Zeit, die der Übertrag benötigt, um durch die 4 Stufen durchzulaufen. Die Computerentwickler haben noch schnellere Schaltelemente entwickelt, die unter dem Namen Carry-Look-Ahead-Addierer bekannt sind. Diese Addierwerke enthalten zusätzliche, logische Schaltelemente, die die Anzahl der Stufen reduzieren, durch die der Übertrag durchgeführt werden muß.

9.5. Binärsubtraktion

Die Subtraktion wird ausgeführt, indem man die zu subtrahierende Zahl (*Subtrahend*) in eine negative Zahl umwandelt und die Differenz durch Addition des negativen Subtrahenden zum *Minuenden* erhält. Diesen Vorgang illustriert Abschnitt 9.6.

9.6. Negative Zahlen

Üblicherweise erkennt man negative Zahlen durch ein Minuszeichen vor dieser Zahl. Unglücklicherweise können elektronische Schaltelemente nur *0*- und *1*-Signale unterscheiden und nicht das übliche Minuszeichen. Es ist daher notwendig, Konventionen für die Darstellung negativer Zahlen in digitaler Form zu treffen.

Die einfachste Methode wäre, ein zusätzliches Bit in der Code-Gruppierung zu finden, wir wollen es *Vorzeichen-Bit* nennen, das uns angibt, ob die Zahl positiv oder negativ

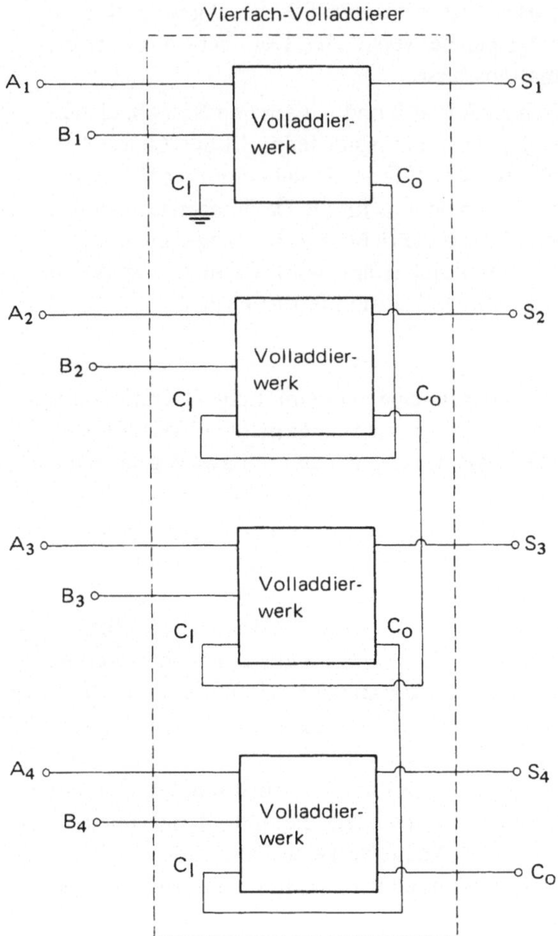

Abb. 9.4. Paralleladdierwerk

ist. Wir können etwa festlegen, daß das Vorzeichenbit logisch *0* für positive Zahlen und logisch *1* für negative Zahlen ist. Die restlichen Bits in der Code-Gruppierung sollen den *Betrag* der Zahl angeben. Man sagt die Zahl wird in *Vorzeichen-Betragsdarstellung* angegeben. Einige Beispiele zeigt die folgende Liste. Das Vorzeichenbit ist in diesen Beispielen eingeklammert, aber in einem Rechner würde man es einfach daran erkennen, daß es das höchstwertige Bit in der Zahl ist.

Dezimal	Binär
− 02,5	(1)0010,100
+ 10,25	(0)1010,010
− 00,125	(1)0000,001

Dem Leser wird das unübliche Verfahren auffalen, das die Nullen links von der 1. Stelle, die ungleich 0 ist, angeschrieben werden. Diese Nullen sind bekannt als *führende Nullen* und haben keinen Beitrag zum Wert der Zahl. Diese Nullen wurden absichtlich ange-

schrieben, da in Computern und Rechnern im Speicher der Wert jedes einzelnen Bits
abgelegt ist, ob es *0* ist oder nicht. Um eine so kleine Zahl wie etwa dezimal 0,125 abzuspeichern, benötigen wir 3 Stellen rechts vom Binärkomma und um dezimal 10 zu speichern,
benötigen wir 4 bit links vom Binärkomma. Zusätzlich benötigen wir ein Vorzeichenbit.
D. h. wenn wir Zahlen im Bereich ± 10,125 abspeichern wollen, benötigen wir eine binäre
Speicherkapazität von 8 bit.

Die Vorzeichen-Betrag-Darstellung ist eine bequeme Methode um Zahlen abzuspeichern,
aber sie erlaubt uns nicht, 2 Zahlen direkt voneinander zu subtrahieren. Eine Zahl kann
von einer anderen abgezogen werden, indem man ihr *Komplement addiert.* Dieses Komplement ist äquivalent dem negativen Wert. Um die Komplementnotation zu illustrieren,
wollen wir ihre Wirkungsweise im Dezimalsystem betrachten. Zunächst wollen wir das
Komplement der Dezimalzahl 1 bilden, indem wir diese von 0 abziehen. Wir wollen einen
Code aus 5 Ziffern verwenden, wobei die höchstwertige Ziffer das „Vorzeichenbit" sein
soll mit *0* für positive Zahlen und *9* für negative Zahlen.

$$
\begin{array}{l}
(0)\,0000 \\
-(0)\,0001 \\
\hline
(9)\,9999 \qquad \text{Komplement von dezimal} - 1 \text{ mit Vorzeichen}
\end{array}
$$

Wir können also zwischen + 9999 und − 1 dadurch unterscheiden, daß bei − 1 das Vorzeichenbit (9) ist, d. h. wenn das Vorzeichenbit (9) ist, dann ist die gespeicherte Zahl in
Komplementform.

Wir wollen uns jetzt mit der binären Komplementdarstellung beschäftigen. Um eine Zahl
in ihr Komplement umzuwandeln, subtrahieren wir wiederum den positiven Wert der
Zahl von 0. Das wird im folgenden Beispiel gezeigt, in dem wir das Binärkomplement
von 5 mit einem 5-Bit-Code wie folgt bilden:

$$
\begin{array}{ll}
(0)\,0000 & \text{dezimal } 0 \\
-(0)\,0101 & \text{dezimal } 5 \\
\hline
(1)\,1011 & \text{Komplement von dezimal} - 5 \text{ mit Vorzeichen}
\end{array}
$$

Die so gebildete Zahl ist als *echtes Komplement* oder *Zweierkomplement* der Zahl bekannt. Um unser Ergebnis zu verifizieren, wollen wir dezimal 5 von dezimal 9 mit Hilfe
der Zweierkomplementdarstellung als Binäraddition durchführen.

$$
\begin{array}{ll}
(0)\,1001 & \text{dezimal} + 9 \\
+(1)\,1011 & \text{Zweier-Komplementdarstellung von} - 5 \\
\hline
\text{Überlaufbit} \rightarrow 1 \quad (0)\,0100 & \text{Differenz}
\end{array}
$$

Die Differenz ist (0) 0100 oder + 4 dezimal. Der Leser wird bemerken, daß bei der
Addition ein Überlauf von 1 auftritt, der jedoch in der Kalkulation verloren geht, da
die Speicherkapazität unseres Rechners nur 5 Bit beträgt.

Eine andere Form des Komplemärkomplements ist unter dem Namen *Einserkomplement*
bekannt und wird häufig verwendet. Das Einserkomplement hat einen um 1 geringeren
Wert als das Zweierkomplement. Die Einserkomplementdarstellung von − 5 ist daher

(1) 1010. Einfache Regeln für die Bildung von Einser- oder Zweierkomplement werden jetzt angegeben.

Einserkomplement: Man ersetze alle Einsen durch Nullen und umgekehrt.

Zweierkomplement: Beginnend mit dem niederstwertigem Bit (Least Significant Bit, LSB) lasse man alle Binärstellen einschließlich der ersten 1 unverändert und ersetze an allen höherwertigen Bitstellen Nullen durch Einsen und umgekehrt.

Man kann auf andere Weise das Zweierkomplement bilden, indem man 1 zum LSB des Einserkomplementes addiert.

Beispiele für die Komplementnotation bei einem 7-Bit-Code werden in der Folge angegeben.

Dezimalwert	Betrag in Binärdarstellung	Zweierkomplement mit Vorzeichen	Einserkomplement mit Vorzeichen
-6	(0) 0110,000	(1) 1010,000	(1) 1001,111
$-12,5$	(0) 1100,100	(1) 0011,100	(1) 0011,011
$-15,875$	(0) 1111,111	(1) 0000,001	(1) 0000,000

9.7. Subtraktionsschaltungen

Wie schon in Abschnitt 9.6 ausgeführt, können wir eine Zahl B von einer Zahl A subtrahieren, indem wir das Zweierkomplement von B zu A addieren. Eine einfache Methode für die Bildung des Komplements haben wir in Abschnitt 9.6 erwähnt, die darin bestanden hat, mit einem NOT-Gatter alle Nullen durch Einsen und alle Einsen durch Null zu ersetzen und dann eine 1 zum niederstwertigem Bit zu addieren. Wenn wir das getan haben, können wir das Volladdierwerk von Abb. 9.2 als Subtrahierwerk verwenden, indem wir einfach das Zweierkomplement von B an die Eingänge in Abb. 9.3 legen. Wenn die Länge der Zahl n bit beträgt, benötigen wir ein zusätzliches Bit in der Zahlenlänge, um für das Vorzeichenbit Platz zu haben; d. h. unser Seriensubtrahierwerk muß eine Speicherkapazität von (n + 1) bit besitzen.

Eine Eigenschaft dieser Art von Subtrahierwerken ist, daß man am Ende der Berechnung ein *Überlaufbit* im Übertragsspeicher (vgl. Bsp. in Abschnitt 9.6) erhält. Es ist daher notwendig, den Übertragsspeicher zu löschen, bevor man mit der Subtraktion beginnt, um gegebenenfalls das überflüssige Bit zu entfernen.

Abb. 9.5 zeigt ein 4-bit-Addier-Subtrahierwerk mit Hilfe eines 4-bit-Volladdierers. Die Addier-Subtrahierfunktion wird durch eine Steuerleitung kontrolliert, wobei bei einer logischen *1* an diesem Eingang die geradzahligen UND-Gatter geöffnet (enabled) und die ungeradzahlig numerierten UND-Gatter gesperrt werden. Bei dieser Arbeitsweise liegt auch logisch *1* am C_I-Eingang des Addierwerkes und verursacht, daß das Komplement der B-Signale an die B-Eingänge des Addierwerkes gelangt. Auf diese Art wird das Zweierkomplement der Zahl B gebildet. D. h. wenn das Steuersignal *1* ist, subtrahieren wir B von A. Ist das Steuersignal *0*, dann gelangen die B-Signale direkt an die B-Eingänge des Addierwerkes, so daß jetzt A und B addiert werden.

Ein vollständiges Seriensubtrahierwerk wird in Kapitel 13 beschrieben.

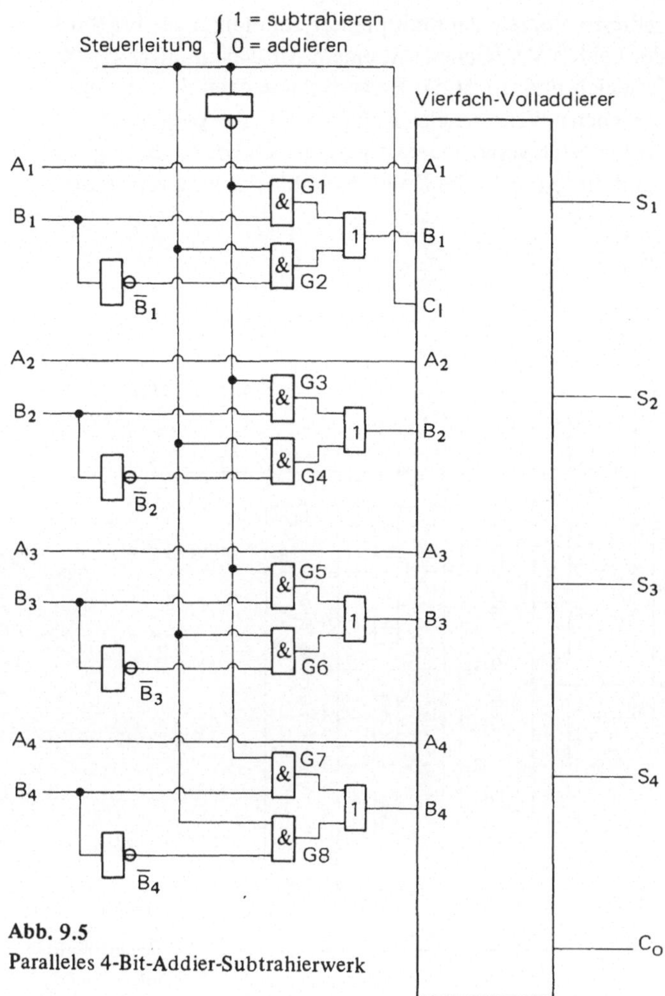

Abb. 9.5
Paralleles 4-Bit-Addier-Subtrahierwerk

9.8. Multiplizierschaltungen

Die Multiplikation läßt sich aus einer Folge von Additionen und Verschiebungen zu-
sammensetzen, wie das folgende Beispiel, bei dem die Binäräquivalente der Dezimalzahlen 5 und 6 miteinander multipliziert werden, zeigt.

$$
\begin{array}{ll}
110 & L(\text{Multiplikand}) = 6 \\
101 & M(\text{Multiplikator}) = 5 \\
110 & \text{Teilprodukt} = L \times 1 \\
000 & \text{Teilprodukt} = L \times 0 \\
110 & \text{Teilprodukt} = L \times 1 \\
11110 & \text{Produkt} = \text{Summe der Teilprodukte}
\end{array}
$$

Wenn man Zahlen mit verschiedenen Vorzeichen multipliziert, kann man das Ergebnis-Vorzeichen durch Vergleich der beiden Vorzeichen mit einem Antivalenzgatter erhalten. Wenn die Vorzeichenbits nicht gleich sind, so ist das Ergebnisvorzeichen 1 (d. h. das Produkt hat ein negatives Vorzeichen). Wenn sie gleich sind, ist der Ausgang des Anti-valenzgatters 0. Wenn wir diese Methode verwenden wollen, müssen wir die Beträge der beiden Zahlen multiplizieren und dürfen nicht die Komplementdarstellung verwenden.

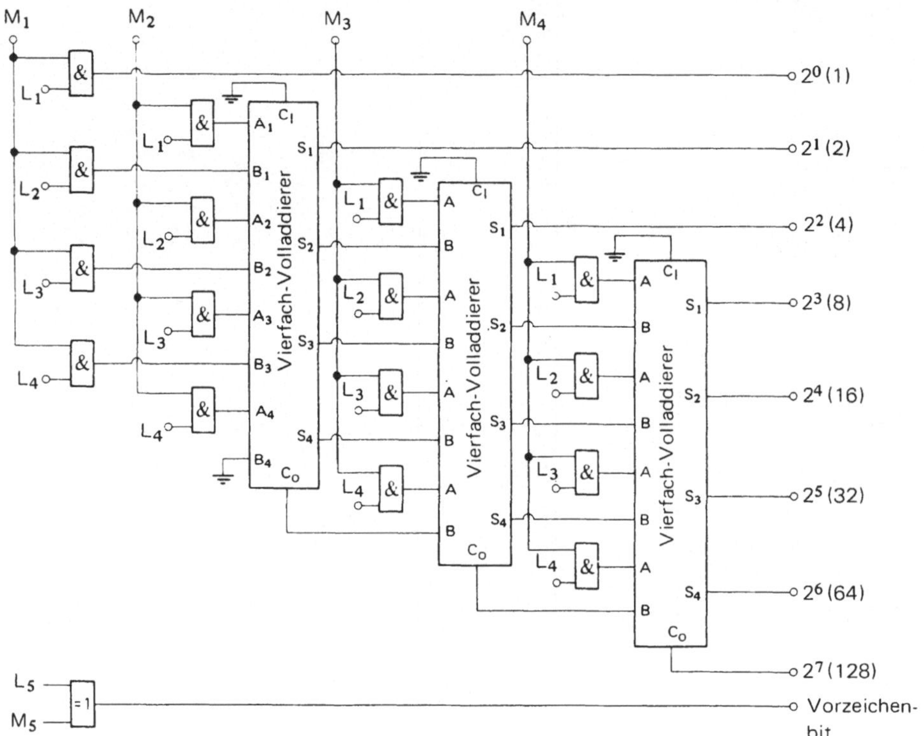

Abb. 9.6. Paralleles 4-Bit-Multiplizierwerk

Einen vollständigen 4-bit-Multiplizierer zeigt Abb. 9.6, in dem die Zahl L_4, L_3, L_2, L_1 mit der Zahl M_4, M_3, M_2, M_1 multipliziert wird, wobei L_1 und M_1 die niederstwertigen Bits sind. Die Bits L_5 und M_5 sind die Vorzeichenbits. Die Dezimalzahl, die neben jedem Ausgang steht, ist das Gewicht des zugehörigen Ausgangs, wenn ein 1-Signal anliegt.

Die Arbeitsweise ist wie folgt: Beginnend an der linken Seite der Zeichnung erzeugt die 1. Gruppe von UND-Gattern das Teilprodukt von L mit M_1, dem niederstwertigem M-Bit. Die 2. Reihe von UND-Gattern multipliziert die Zahl L mit M_2 und die beiden Teilprodukte werden im 4fach-Volladdierer summiert. Dieser Vorgang wird noch zwei-mal durchgeführt, wobei die Stellenverschiebung durch die gezeichnete Verschiebung der 4-bit-Volladdierer angedeutet wird.

9.9. Binärdivision

Wie bei der dezimalen Division kann man auch die binäre Division in einen Vorgang von Subtrahieren und Verschieben auflösen. Der Entwurf einer logischen Schaltung für Binärdivision sei als interessanter Versuch dem Leser überlassen.

9.10. Binär-Dezimal-Codes

Überall dort, wo eine Beziehung zwischen Mensch und Digitalsystem existiert, ist es notwendig, Codes zu vereinbaren, die für beide verständlich sind. Ein digitales System kann reine Binärzahlen einfach handhaben, aber der Mensch hat einige Schwierigkeit, wenn er sich mit Binärzahlen beschäftigt. Ein Versuch, diese Kommunikationsprobleme zu verringern, war die Festlegung gewisser Codes, die unter dem Namen BCD-Codes (Binary-Coded-Decimal) bekannt sind. Mit Hilfe dieser Codes ist die Darstellung dezimaler Information in binärer Form relativ einfach. Tabelle 9.3 zeigt drei solcher Codes.

Tabelle 9.3

dezimaler Wert	BCD Codes								
	8421 BCD				Excess-3 Code		5421 Code		
	(8)	(4)	(2)	(1)		(5)	(4)	(2)	(1)
0	0	0	0	0	0 0 1 1	0	0	0	0
1	0	0	0	1	0 1 0 0	0	0	0	1
2	0	0	1	0	0 1 0 1	0	0	1	0
3	0	0	1	1	0 1 1 0	0	0	1	1
4	0	1	0	0	0 1 1 1	0	1	0	0
5	0	1	0	1	1 0 0 0	1	0	0	0
6	0	1	1	0	1 0 0 1	1	0	0	1
7	0	1	1	1	1 0 1 0	1	0	1	0
8	1	0	0	0	1 0 1 1	1	0	1	1
9	1	0	0	1	1 1 0 0	1	1	0	0
	1	0	1	0	1 1 0 1	0	1	0	1
	1	0	1	1	1 1 1 0	0	1	1	0
nicht verwendete	1	1	0	0	1 1 1 1	0	1	1	1
Kombinationen	1	1	0	1	0 0 0 0	1	1	0	1
	1	1	1	0	0 0 0 1	1	1	1	0
	1	1	1	1	0 0 1 0	1	1	1	1

Jeder Code verwendet 10 der 16 möglichen Kombinationen und die verbleibenden 6 Kombinationen bleiben unverwendet. Die Ziffern des 8421-BCD-Codes haben ein Gewicht von 8, 4, 2 und 1 und verwenden die ersten 10 Gruppierungen des natürlichen Binärcodes, der in Tabelle 9.1 angegeben ist. Wenn man sich allgemein auf *den* BCD-Code bezieht, ist der 8421-BCD-Code gemeint.

Der Excess-3-Code wird erzeugt, indem man zu jeder Code-Gruppierung des 8421-BCD-Codes das Binäräquivalent von dezimal 3 addiert. Ein Vorteil des Excess -3-Codes gegenüber dem 8421-BCD-Code besteht in der leichteren Durchführbarkeit gewisser mathematischer Berechnungen.

Noch ein anderer Code, der 5421-BCD-Code wird in Tabelle 9.2 angegeben. Das Gewicht des MSB dieses Codes ist 5, so daß die Dezimalzahl 8 aus der Gruppierung

$$(1 \cdot 5) + (0 \cdot 4) + (1 \cdot 2) + (1 \cdot 1)$$

besteht. Es gibt noch andere BCD-Codes, einige mit negativen Gewichten, z. B. der 642(-3)-BCD-Code. In diesem Code ist dezimal 5 durch die binäre Gruppierung 1011 und dezimal 7 durch 1101 dargestellt.

9.11. Fehlererkennung

Wenn ein binäres Codewort von einer Stelle zur anderen übertragen wird, ist es möglich, daß ein oder mehrere Bits ausfallen (Drop-outs) oder neu dazukommen (Drop-ins). In diesem Fall enthält das empfangene Codewort einen Fehler. Mehrere Codes wurden entwickelt, die es nicht nur erlauben, Fehler zu erkennen, sondern diese auch zu korrigieren. Als einfachste Form der Fehlererkennung fügen wir ein zusätzliches Bit zur Codegruppe dazu, bekannt als *Paritätsbit,* welches nach den Begriffen der Informationsübertragung *redundant* ist.

In einem Prüfsystem mit *ungerader Parität* ergänzt das Paritätsbit die Gesamtzahl der Einsen in der Codegruppe zu einer ungeraden Summe und bei *gerader Paritätsprüfung* wird es so gewählt, daß die Summe der Einsen eine gerade Zahl ergibt. Paritätsprüfungen kann man in jedem Codetyp durchführen und der 8421-BCD-Code mit einem Paritätsbit für gerade und ungerade Paritätsprüfung wird in Tabelle 9.4 angegeben. Welche Art der Paritätsprüfung ausgewählt wird, hängt von der Anwendung ab, da jede ihre Vorteile bietet; z. B. hat die ungerade Paritätsprüfung den Vorteil, daß keine Zahl durch Nullen allein dargestellt wird.

Tabelle 9.4

dezimaler Wert	ungerade Parität 8421P	gerade Parität 8421P
0	00001	00000
1	00010	00011
2	00100	00101
3	00111	00110
4	01000	01001
5	01011	01010
6	01101	01100
7	01110	01111
8	10000	10001
9	10011	10010

Abb. 9.7(a) zeigt die Paritätsbiterzeugung für ein parallel anliegendes Codewort, d. h. ein Codewort, bei dem alle Informationsbits gleichzetig zur Verfügung stehen. Der Ausgang des Antivalenzgatters G3 ist das Paritätsbit für gerade Parität, das zu den 4 Eingängen gehört. Aus Tabelle 9.4 erkennen wir, daß man die ungerade Parität durch Negation der geraden Parität und umgekehrt erhalten kann, so daß der Ausgang von G4 in der Abbildung die ungerade Parität der 4 Eingänge liefert.

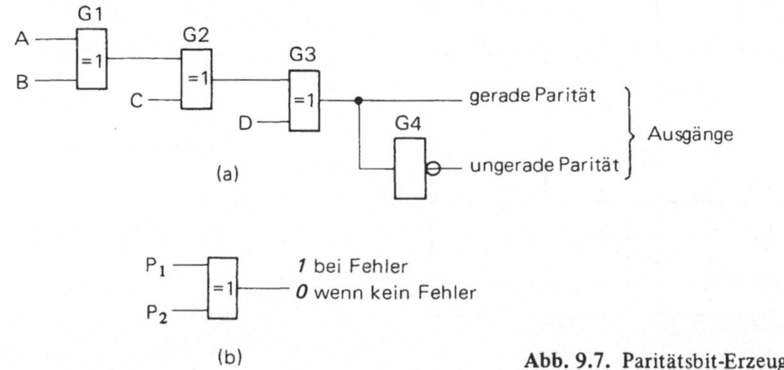

Abb. 9.7. Paritätsbit-Erzeugung

Abb. 9.7(b) zeigt eine einfache Paritätsprüfschaltung. P1 ist das empfangere Paritätsbit und P2 ist ein Paritätsprüfbit, das am Empfangsort durch eine Schaltung nach Art von Abb. 9.7(a) erzeugt wird. Wenn die empfangene Parität korrekt ist, dann ist der Ausgang des Paritätsprüfers Null.

Die Erzeugung des Paritätsbit für serielle Binärzahlen kann einfach durch ein Trigger-Flip-Flop, dessen Ausgang anfänglich auf 0 gesetzt wird, erzeugt werden. Das Paritätsbit für gerade Parität erhält man vom Q-Ausgang dieses Flip-Flops und für ungerade Parität vom $\overline{Q}$-Ausgang.

Überprüfung auf unerlaubte BCD-Codes

Aus Tabelle 9.3 haben wir gesehen, daß von den 16 möglichen Kombinationen aus 4 bit nur 10 im BCD-Code verwendet wurden. Die restlichen blieben unverwendet und sind unerlaubte Codegruppen. Wir wollen eine Schaltung betrachten, die uns anzeigt, ob eine unerlaubte Codegruppe des 8421-Codes vorliegt.

Aus Tabelle 9.3 erkennen wir, daß folgende Codegruppen nicht vorkommen sollen: 1010, 1011, 1100, 1101, 1110 und 1111. Diese Gruppen werden durch ABCD dargestellt, wobei A das MSB ist. Wenn wir diese Kombinationen in ein Karnaugh-Diagramm nach Abb. 9.8(a) eintragen, erkennen wir, daß der logische Ausdruck dafür lautet:

$$\text{Fehler} = A \cdot B + A \cdot C = A \cdot (B + C)$$

Ein Schaltbild für ein Netzwerk, das diese Funktion erzeugt, zeigt Abb. 9.8(b), die eine Eins am Ausgang liefert, wenn eine unerlaubte Codegruppierung am Eingang anliegt. Der Leser wird weiter bemerken, daß die Ziffer B des BCD-Codes nicht verwendet wird.

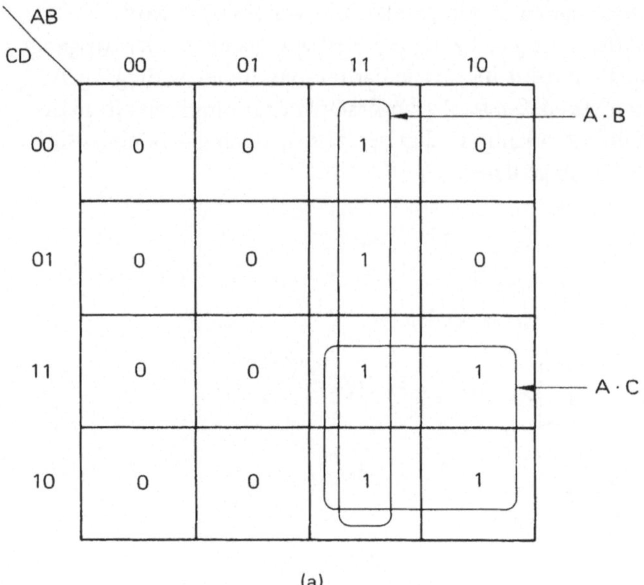

(a)

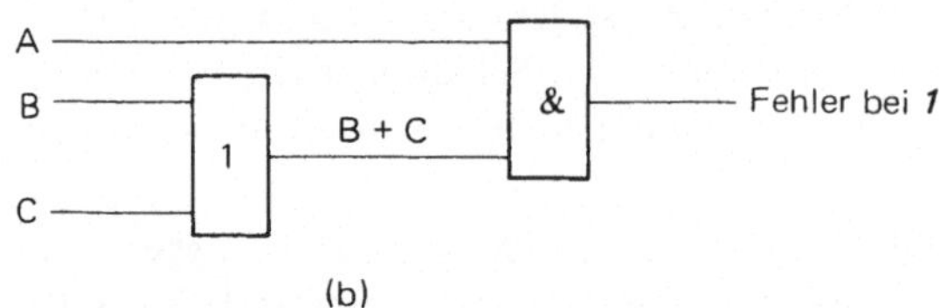

Abb. 9.8
Prüfschaltung für den
8421-BCD-Code

(b)

9.12. Binäre Vergleiche

Ein Komparator wird verwendet, um festzustellen, ob 2 binäre Variable A und B den selben Wert haben. Wenn $A > B$, d.h. $A = 1$ und $B = 0$, dann kann man diese Tatsache mit einem logischen Gatter erkennen, das die Funktion $A \cdot \overline{B}$ erzeugt. Diese Funktion zeigt Abb. 9.9(a). Wenn $A < B$, d.h. $A = 0$ und $B = 1$, dann erzeugt ein Gatter für die Funktion $\overline{A} \cdot B$ (s. Abb. 9.9(b)) eine 1 am Ausgang, wenn diese Bedingung erfüllt ist. Wenn wir uns auf das Antivalenzgatter von Abb. 7.11(a) beziehen, so sehen wir, daß das Gatter G 1 in dieser Schaltung die $A > B$-Funktion und G 2 die $A < B$-Funktion erzeugt. D.h. wir können einige Signale des *Antivalenzgatters* für die Vergleiche von binären Variablen verwenden.

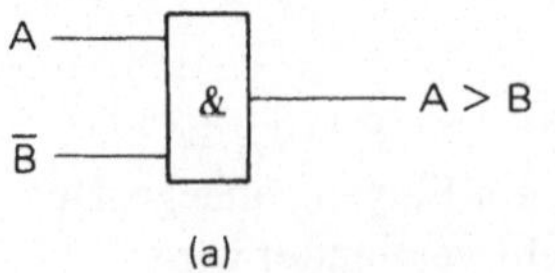

(a)

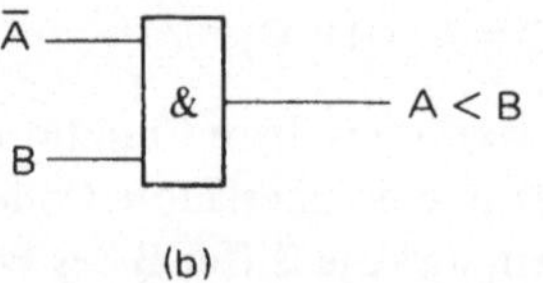

(b)

Abb. 9.9
Binäre Vergleichsschaltungen

Wenn wir nur feststellen wollen, ob zwei Binärzahlen gleich sind, können wir ein *Äquivalenzgatter* verwenden, das die logische Funktion $(A \cdot B + \overline{A} \cdot \overline{B})$ erzeugt.

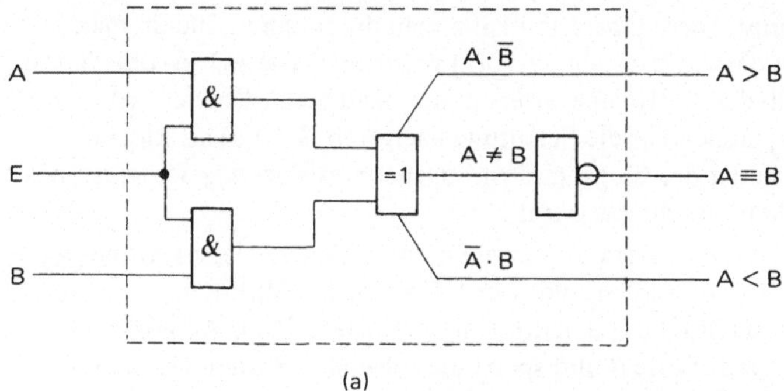

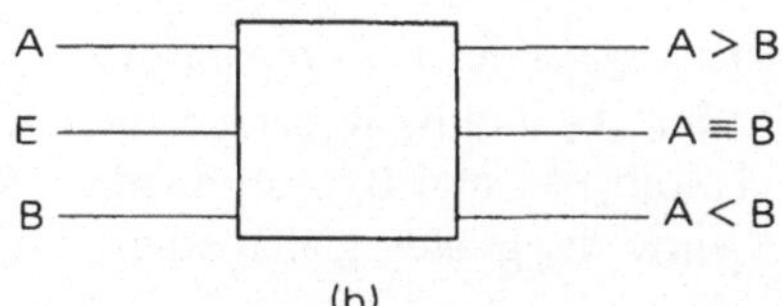

Abb. 9.10
Vergleichsschaltung mit Überprüfung
auf Gleichheit

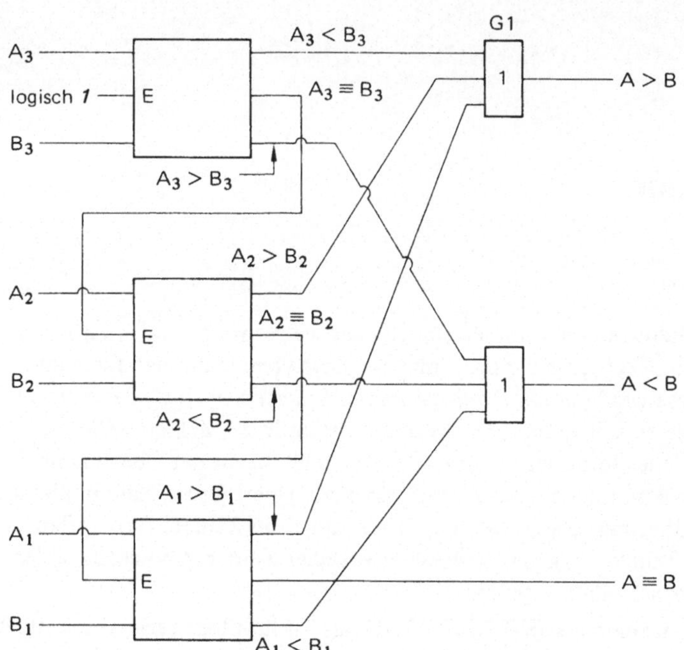

Abb. 9.11. Schaltung zum Vergleich zweier 3-Bit-Zahlen

In digitalen Systemen kommt es sehr oft vor, daß man den Wert zweier vollständiger
Binärzahlen vergleicht, um festzustellen, welche von beiden größer ist. Eine Methode
das zu tun, besteht darin, die beiden Zahlen Bit für Bit zu vergleichen, wobei man mit
dem höchstwertigen Bit beginnt. Diese Operation kann man durchführen, indem man
eine Anzahl von Schaltungen der Art von Abb. 9.10(a) verwendet. Die A $>$ B- und A $<$ B-
Funktionen werden innerhalb des Antivalenzgatters in der oben beschriebenen Art erzeugt. Der Einfachheit halber stellen wir die Schaltung nach Abb. 9.10(a) als Blockdiagramm in Abb. 9.10(b) dar, in der der Eingang E ein sogenanntes *Enabling-Signal* ist, das
die Eingänge A und B nur dann durchläßt, wenn E = *1*.

Abb. 9.11 zeigt ein vollständiges Netzwerk, das zwei Dreibitzahlen vergleicht, wobei A_3
und B_3 die höchstwertigen Bits der Zahlen sind. Der E-Eingang des MSB-Komparators
liegt an logisch *1* und hält die 1. Stufe der Schaltung immer offen. Wenn A_3 größer B_3,
dann ist der A $\equiv$ B-Ausgang der 1. Stufe *0* und sperrt die folgenden Stufen. Gatter G 1
liefert daher *1* am Ausgang, was angibt, daß A $>$ B. Wenn andererseits $A_3 < B_3$, so sind
die weiteren Stufen wieder gesperrt, da in diesem Fall G 2 am Ausgang *1* liefert.

Wenn $A_3 \equiv B_3$, dann ermöglicht die *1* aus dem *Äquivalenzausgang* des 1. Komparators
den Vergleich in der 2. Stufe, die den Wertevergleich der Bits A_2 und B_2 in der gleichen
Weise durchführt. Wenn $A_2 \equiv B_2$, dann überprüft die Schaltung A_3 und B_3. Auf diese
Weise gestattet uns die Schaltung, zu entscheiden, ob A entweder größer, gleich oder
kleiner als B ist.

10. Asynchronzähler

10.1. Reine Binärzähler

Mehrere Flip-Flops, die miteinander verbunden sind, so daß sie verwandte Information
speichern, werden allgemein *Register* genannt. Einige Registertypen kann man für Zähl-
zwecke verwenden und diese werden dann *Zähler* genannt. Ein *asynchroner* oder *serieller
Zähler* ist einer, bei dem die zu zählenden Impulse an einem Ende des Zählers anliegen
und bei dem die Addition jedes Impulses fertiggestellt sein muß, bevor der Übertrag in
die nächste Stufe gelangt. Diese folgende Stufe muß dann den Übertrag zur Zahl in dieser
Stufe addieren. D. h. der Übertrag scheint sich durch die Länge des Zählers fortzupflanzen
(Ripple Through), bis der Zählvorgang abgeschlossen ist. Daher werden Asynchronzähler
manchmal auch *Ripple-Through-Zähler* genannt.

Einen 3-stufigen Asynchronzähler aus JK-Flip-Flops, die als T-Flip-Flops (vgl. Abschnitt 8.7)
geschaltet sind, zeigt Abb. 10.1(a). Alle Zählstufen werden anfänglich auf *0* gesetzt, indem man eine *1* auf den Rücksetzeingang legt, während das Eingangssignal *0* ist (vgl. Ab-

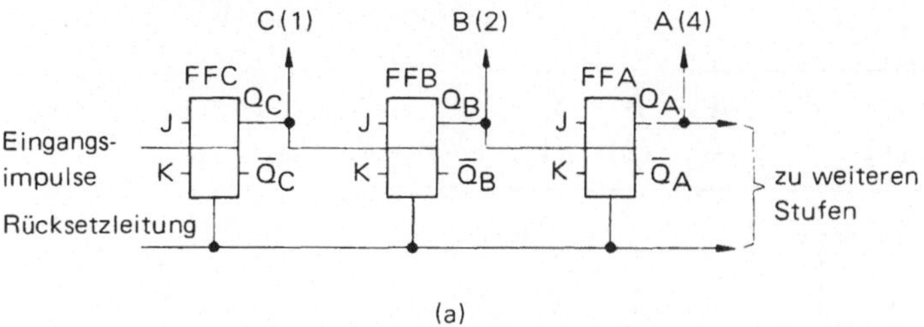

(a)

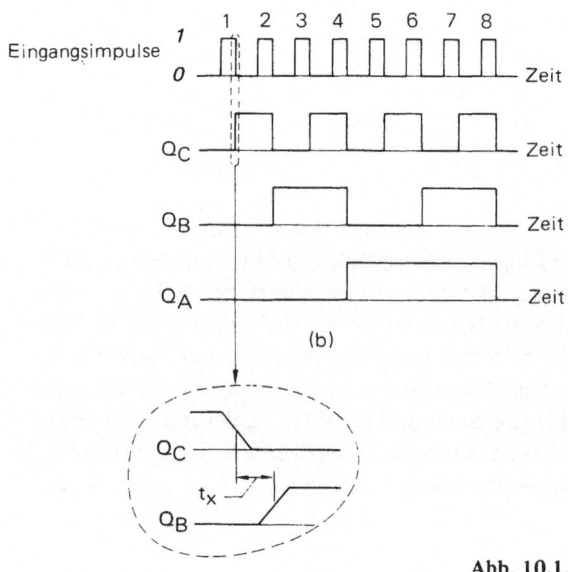

(b)

(c)

Abb. 10.1. Asynchroner Binärzähler

schnitt 8.6). Wie in Abschnitt 8.6 erklärt, hat die aufsteigende Flanke des Eingangsimpulses (d.h. wenn das Eingangssignal von _0_ auf _1_ wechselt) keine Wirkung auf den Zustand von FFC, so daß alle Ausgänge _0_ bleiben. Wenn der Eingang wieder auf _0_ fällt, wechselt der Ausgang von FFC auf _1_. Der Ausgang von FFC liegt im Takteingang von FFD, aber der Wechsel von _0_ auf _1_ hat keine Wirkung auf den Zustand von FFB, d.h. der Ausgang von FFB bleibt Null. Die Codefolge dieses Zählers ist in Tabelle 10.1 angegeben und der beschriebene Wechsel der Zustände entspricht dem Übergang von der ersten Zeile der Tabelle zur zweiten Zeile.

Am Ende des 2. Impulses ändert der Ausgang von FFC wieder seinen Wert, dieses Mal von _1_ auf _0_. Da das eine fallende Flanke für den Takteingang von FFB ist, wechselt der Ausgang von FFB von _0_ auf _1_. Dieser Wechsel hat keine Wirkung auf den Zustand von FFA, so daß für die Ausgänge gilt $A = 0$, $B = 1$, $C = 0$. Wenn wir den Zeitmaßstab für diese Übergänge wie in Abb. 10.1(b) dehen, erkennen wir, daß es eine gewisse Zeit t_x dauert, bis der Vorgang abgeschlossen ist. Dieses Zeitintervall ist sehr klein, aber merkbar.

Tabelle 10.1

Impuls	A (4)	B (2)	C (1)		$\overline{A}$ (4)	$\overline{B}$ (2)	$\overline{C}$ (1)	
Anfangs- wert	0	0	0		1	1	1	
1	0	0	1		1	1	0	
2	0	1	0	Wiederholung	1	0	1	Wiederholung
3	0	1	1		1	0	0	
4	1	0	0		0	1	1	
5	1	0	1		0	1	1	
6	1	1	0		0	0	1	
7	1	1	1		0	0	0	
8	0	0	0		1	1	1	

Der Zählvorgang schreitet weiter in der Art, die Tabelle 9.1 zeigt, wobei sich die Ausgänge jeweils dann ändern, wenn der Eingang des zugehörigen Flip-Flops von *1* auf *0* fällt. Nach 7 Impulsen sind alle Ausgänge des Zählers *1*, so daß sie der 8. Impuls alle auf *0* bringt. Wie der Einschub in Abb. 10.1(b) zeigt, ist die Verzögerung für die Änderung einer Stufe t_x, so daß man $3 \cdot t_x$ benötigt, bevor alle Ausgänge des Zählers ihren richtigen Wert angenommen haben. Aus diesem Grund ist die maximale Zählfrequenz durch die Zeitverzögerungen im Zähler begrenzt und für einen Zähler mit n Stufen beträgt die Zeit, die man warten muß, bis der Endzustand des Zählers erreicht ist, $n \cdot t_x$. Diese Zeitverzögerung wird bei den Synchronzählern, die in Kapitel 11 beschrieben werden, stark verringert.

10.2. Ein Vorwärts-Rückwärts-Zähler im reinen Binärcode

Die oben beschriebene Zählerart wird *Vorwärts-* oder *Aufwärtszähler* genannt, da sie von 0 aufwärts zählt. In manchen Fällen ist es angenehmer, von einem festgelegten Wert abwärts auf 0 zu zählen. Ein Zähler, der auf diese Art funktioniert, wird als *Rückwärts-* oder *Abwärtszähler* bezeichnet.

Die Entwurfsidee für einen Abwärtszähler kann man aus Tabelle 9.1 ablesen. Wir sehen dort, daß die Summe der Q- und $\overline{Q}$-Ausgänge konstant dezimal 7 ist (unter Beachtung der Gewichte jedes einzelnen Bits). D. h. der Anfangswert in den Q-Ausgängen ist 0 und der der $\overline{Q}$-Ausgänge ist 7. Nach dem 1. Zählimpuls beinhalten die Q-Ausgänge 1 und $\overline{Q}$-Ausgänge 6 usw. Klarerweise ist es möglich, den Zähler zum Rückwärtszählen zu veranlassen, wenn wir die $\overline{Q}$-Ausgänge an Stelle der Q-Ausgänge anzeigen oder wenn wir die $\overline{Q}$-Ausgänge dazu verwenden, die folgende Stufe anzusteuern. Durch ein geeignetes Gattersystem können wir einen *Vorwärts-Rückwärtszähler* bauen, der in beide Richtungen zählen kann.

Abb. 10.2 zeigt einen umschaltbaren asynchronen Zähler für den Binärcode, in dem das Signal, das am Eingang U liegt, steuert, ob der Zähler aufwärts oder abwärts zählt. Wenn

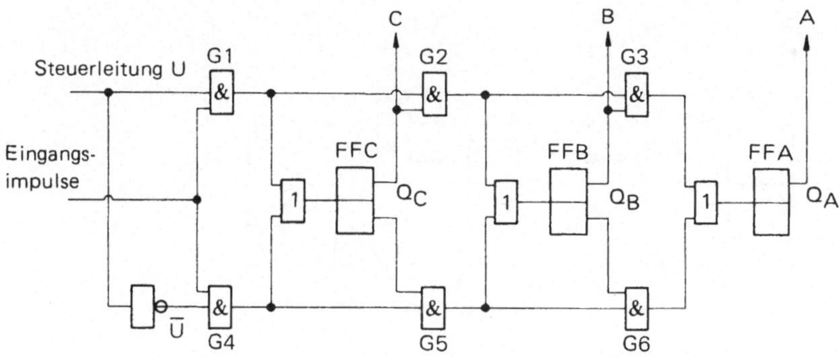

Abb. 10.2. Vorwärts-Rückwärtszähler im Binärcode

$U = 1$, dann sind die oberen UND-Gatter (G1, G2 und G3) geöffnet. Da die Eingänge der UND-Gatters mit den Q-Ausgängen verbunden sind, zählt der Zähler aufwärts, wenn $U = 1$ da sich die Zustandswechsel von Q fortpflanzen. Wenn $U = 0$, sind die unteren UND-Gatter (G4, G5 und G6) geöffnet. Da die Eingänge dieser Gatter jeweils mit einem $\overline{Q}$-Ausgang verbunden sind, zählt der Zähler abwärts, wenn $U = 0$.

10.3. Ein 8421-BCD-Zähler

Eine verbreitete Form eines 8421-BCD-Aufwärtszählers aus JK-Flip-Flop zeigt Abb. 10.3 und Tabelle 10.2 gibt die Codefolge an. Der Leser wird erkennen, daß FFB und FFD als übliche T-Flip-Flops funktionieren.

Tabelle 10.2

Impuls	ABCD	
Anfangs-wert	0000	
1	0001	
2	0001	
3	0011	Wiederholung
4	0100	
5	0101	
6	0110	
7	0111	
8	1000	
9	1001	
10	0000	

Wenn anfänglich alle Ausgänge auf 0 gesetzt sind, liegt am Ausgang $\overline{A}$ 1. Diese 1 wird zu den JK-Eingängen von FFC zurückgekoppelt, so daß dieses anfänglich als T-Flip-Flop arbeitet. Durch diese Ansteuerung ist das Signal B · C aus G1 gleich 0, wodurch FFA festge-

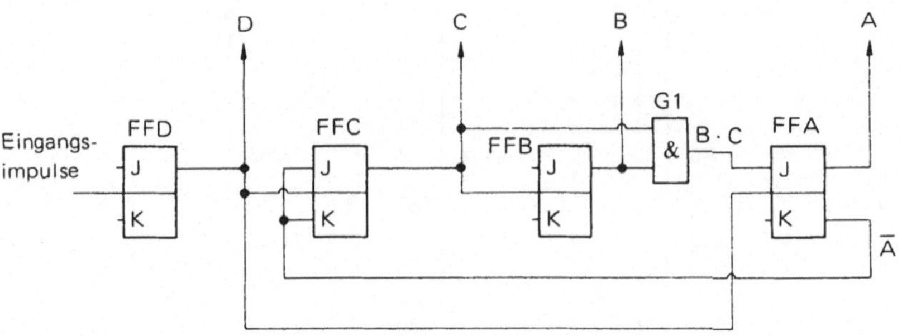

Abb. 10.3. Asynchroner 8421-BCD-Zähler

halten wird. D. h. FFD, FFC und FFB arbeiten als gewöhnliche Trigger-Flip-Flops, die
wie ein normaler Binärzähler die ersten 7 Impulse aufwärtszählen (vgl. Tabelle 10.2).
Nach dem 7. Impuls wird das Signal $B \cdot C$ von G 1 gleich 1 und dieser Wert gelangt mit dem
8. Impuls an den Ausgang von FFA. Am Ende des 8. Impulses werden die Ausgänge
B, C und D 0 und A wird 1. Im selben Ausgenblick wird der Ausgang $\overline{A}$ gleich 0, wodurch FFC und FFD festgehalten werden. Der 9. Impuls bringt den Ausgang D wieder auf
1. Der nächste (und 10.) Impuls bringt D wieder auf 0 und diese Änderung wirkt als Takt
für FFA. Da zu diesem Zeitpunkt $B = C = 0$, liegt am J-Eingang von FFA eine 0, so daß der
10. Impuls am Ausgang A eine 0 ($= B \cdot C$) bewirkt. Das wiederum heißt, daß wieder alle
Ausgänge 0 sind und der Zyklus kann mit dem 11. Impuls wieder beginnen.
 Wenn man in Abb. 10.3 FFA durch ein Flip-Flop mit 2 J-Eingängen (vgl. Abb. 8.6) ersetzt, wird die UND-Funktion innerhalb des Flip-Flops verwirklicht und das Gatter G 1
kann entfallen.

11. Synchronzähler

11.1. Warum Synchronzähler?

Bei Synchronzählern wird die Zählfolge durch einen Taktimpuls gesteuert und die Änderungen der Ausgänge aller Flip-Flops erfolgen synchron. Das eliminiert die großen Ver-
zögerungszeiten von Asynchronzählern, die in Kapitel 10 erwähnt wurden. In Synchronzählern werden ebenfalls Master-Slave-Flip-Flops verwendet, um die Möglichkeit von
Instabilitäten und Schwingungen durch Rückkoppelverbindungen zu vermeiden. Bei
dieser Betriebsart gelangen die geeigneten Eingangssignale gleichzeitig in die Masterstufen
aller Zähler-Flip-Flops. Wenn der Eingangsimpuls auf 0 fällt, werden die neuen Werte des
Zählers synchron an die Ausgänge der Flip-Flops durchgeschaltet.

11.2. Ein synchroner Binärzähler

Abbildung 11.1 zeigt eine Form eines synchronen Binärzählers und Tabelle 11.1 gibt die
Zustandsfolge dieses Zählers an, aus der wir die Entwurfsprinzipien des Zählers ablesen
können.

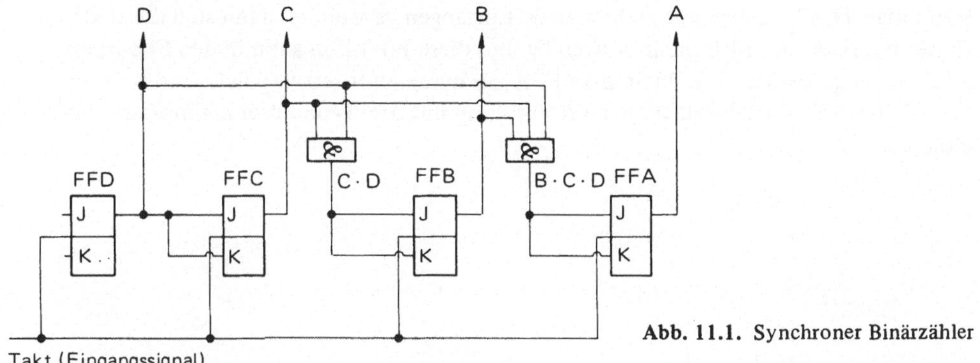

Abb. 11.1. Synchroner Binärzähler

Tabelle 11.1

Impuls	A (8)	B (4)	C (2)	D (1)	
Anfangswert	0	0	0	0	
1	0	0	0	1	
2	0	0	1	0	
3	0	0	1	1	
4	0	1	0	0	
5	0	1	0	1	
6	0	1	1	0	
7	0	1	1	1	Wiederholung
8	1	0	0	0	
9	1	0	0	1	
10	1	0	1	0	
11	1	0	1	1	
12	1	1	0	0	
13	1	1	0	1	
14	1	1	1	0	
15	1	1	1	1	
16	0	0	0	0	

Aus der Tabelle erkennen wir, daß der Ausgang von FFD sich nach jedem Eingangsimpuls ändern muß. D. h. FFD muß als T-Flip-Flop arbeiten. Der Ausgang von FFD ändert
sich, wenn $D = 1$ geworden ist (d. h. bei ungeraden Impulsen). Diesen Wechsel erreicht

man, indem man sowohl den J- als auch den K-Eingang von FFC durch das D-Signal ansteuert. Weiter muß der Ausgang von FFB seinen Zustand ändern, nachdem die Bedingung $C \cdot D = 1$ erfüllt worden ist, d. h. nach den Impulsen 3, 7, 11 und 15. In ähnlicher Weise muß sich der Ausgang von FFA ändern, wenn die Bedingung $B \cdot C \cdot D = 1$ erfüllt worden ist, also nach den Impulsen 7 und 15.

Wenn man JK-Flip-Flops mit mehreren JK-Eingängen verwendet, dann sind die UND-Gatter bei FFA und FFB nicht notwendig und diese Funktion kann in den Flip-Flops intern erzeugt werden. z. B. kann man FFA zusammen mit seinem UND-Gatter durch den IC von Abb. 11.2 ersetzen, der ein Flip-Flop mit drei J- und drei K-Eingängen beinhaltet.

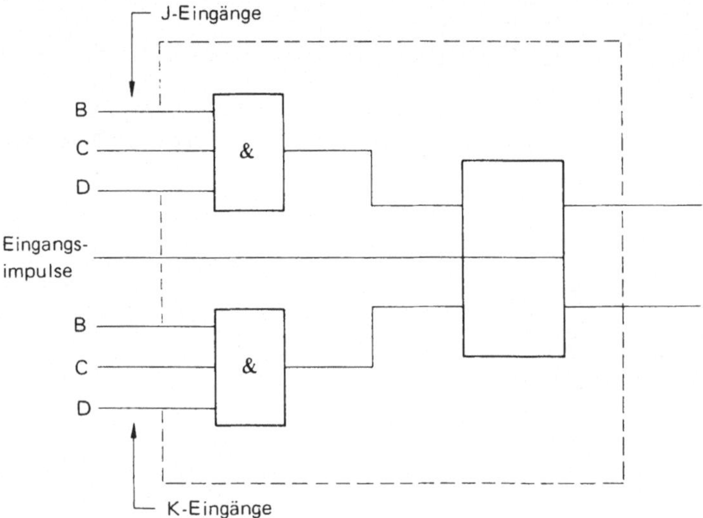

Abb. 11.2. J-K-Flip-Flop mit mehreren Eingängen

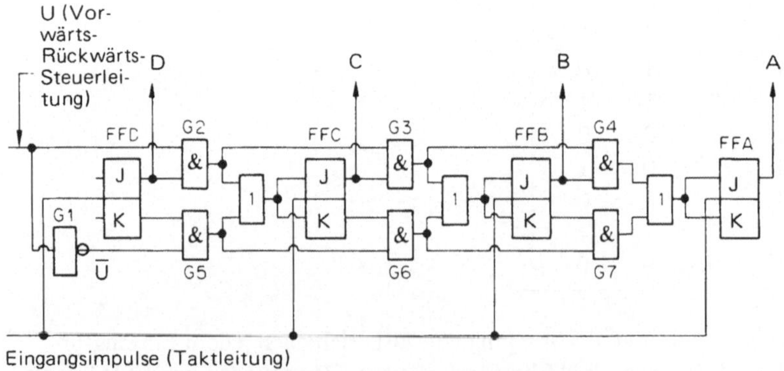

Abb. 11.3. Synchroner Vorwärts-Rückwärtszähler im Binärcode

11.3. Ein synchroner Vorwärts-Rückwärtszähler für den Binärcode

Abb. 11.3 zeigt eine Form eines Vorwärts-Rückwärtszählers, bei dem die Zählrichtung durch ein Signal am Eingang U gesteuert wird. Für U = *1* zählt der Zähler vorwärts und für U = *0* rückwärts.

Wenn U = *1*, sperrt der *0*-Ausgang von Gatter G 1 die Gatter G 5, G 6 und G 7; das *1*-Signal vom U-Eingang öffnet die Gatter G 2, G 3 und G 4. Der Schaltungsteil, der dadurch arbeiten kann, ist im Prinzip der Zähler aus Abb. 11.1, die Schaltung arbeitet also als Aufwärtszähler. Wenn U = *0*, sind die Gatter G 2 bis G 4 gesperrt und G 5 und G 7 für den Informationsfluß geöffnet. In diesem Arbeitszustand werden die Daten aus den $\overline{Q}$-Ausgängen weitergeführt und der Zähler zählt abwärts.

11.4. Ein synchroner 8421-BCD-Zähler

Die prinzipielle Anordnung des Synchronzählers von Abb. 11.4 ist ähnlich dem in Abschnitt 10.3 beschriebenen asynchronen BCD-Zähler. Die Arbeitsweise ist wie folgt:

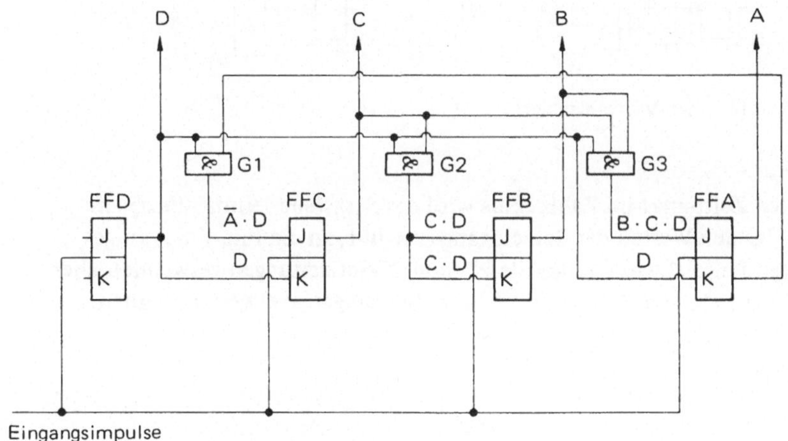

Abb. 11.4. Synchroner 8421-BCD-Zähler

Angenommen die Ausgänge sind anfänglich alle *0*, so wird das *1*-Signal vom Ausgang $\overline{A}$ an G 1 rückgekoppelt, um es zu öffnen. Die Schaltung entspricht dann dem Synchronzähler von Abb. 11.1. Die Schaltung zählt synchron aufwärts für die ersten 8 Impulse, aber am Ende des 8. Impulses wird der Ausgang A *1* und $\overline{A}$ fällt auf *0*. Dadurch wird G 1 gesperrt und weitere Signale können nicht zu FFC gelangen. Der 9. Impuls verursacht, daß der Ausgang von FFD auf *1* ansteigt, der Zählerstand wird A = D = *1*, B = C = *0*. Am Ende des 10. Impulses wird der vorige Wert von D, nämlich *1*, in den K-Eingang von FFA geführt, so daß dessen Ausgang *0* wird. Zur selben Zeit verursacht der 10. Impuls, daß der Ausgang D gleich *0* wird und der Zähler wird auf seine Anfangsstellung von A = B = C = D = *0* gesetzt.

11.5. Vorwahlzähler

Bei manchen Anwendungen müssen Zähler zu Beginn des Zählvorganges auf einen bestimmten Wert gesetzt werden. Das kann man durch geeignete Signale an den Setz-
oder Löscheingängen der Flip-Flops erreichen. Eine Methode dafür zeigt Abb. 11.5.

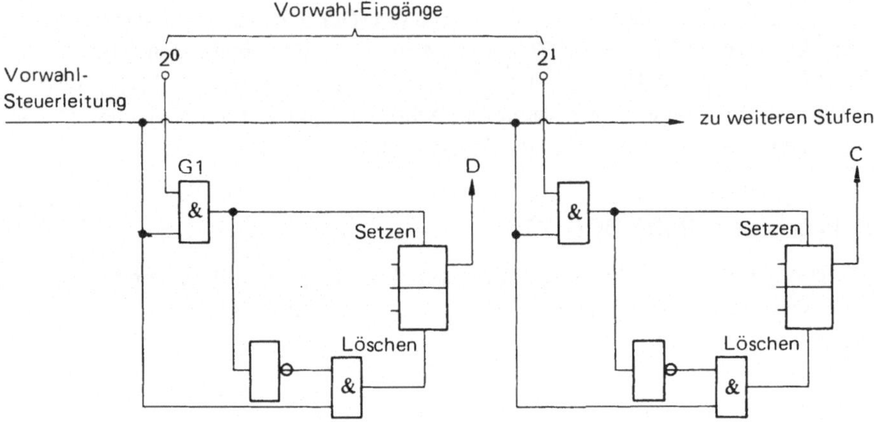

Abb. 11.5. Möglichkeit für einen Vorwahlzähler

Zu einem geeigneten Zeitpunkt im Zählzyklus wird die Setzsteuerleitung durch ein
1-Signal aktiviert, das den Werten der Setzeingänge erlaubt, an die Flip-Flops zu gelangen. Im gezeigten Beispiel werden nur die 2^0- und 2^1-Setzleitungen verwendet, aber
die Schaltung kann auf einfache Weise auf mehrere Setzeingänge erweitert werden.

12. Schieberegister und Ringzähler

Ein Register ist eine Anordnung von Flip-Flops für die Speicherung binärer Daten und
ein *Schieberegister* ist ein Register, in dem die Daten durch diese Anordnung entweder
nach rechts oder nach links „geschoben" werden können. Ein Ringzähler ist ein Schieberegister, das zu einem Ring geschlossen ist, wobei der Eingang am „Anfang" des Ringes
eine logische Funktion der Signale von einer oder mehreren Stellen des Registers ist.

12.1. Ein Schieberegister mit seriellem Eingang und seriellem Ausgang

Zwei grundlegende Schaltungen für Schieberegister zeigt Abb. 12.1. In den gezeigten Schaltungen werden die zu speichernden Daten in serieller Weise vom linken Ende her in das Register hineingeschoben und am rechten Ende hinausgeschoben. Betrachten wir die Arbeitsweise von Abb. 12.1(a).

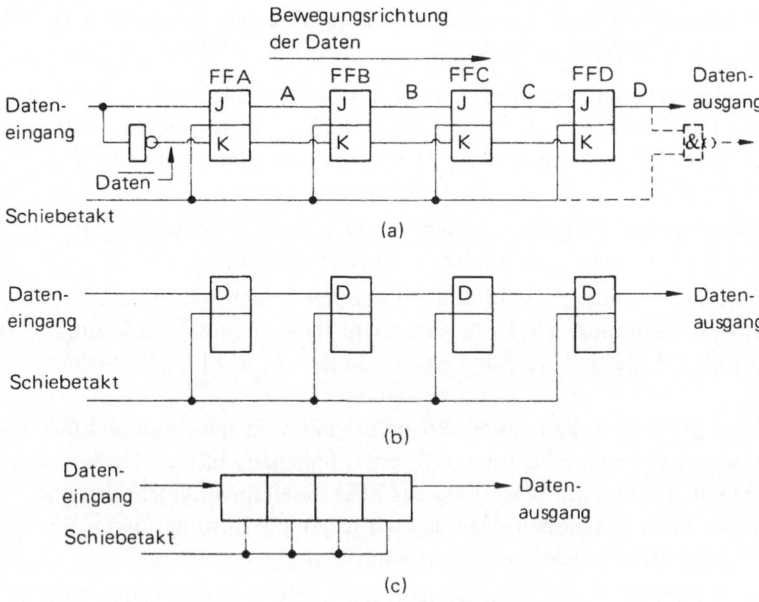

Abb. 12.1. Schieberegister mit seriellem Eingang und Ausgang

Tabelle 12.1

Takt-impuls	Daten-signal	Zustand der Ausgänge				
		A	B	C	D	
Anfangs-werte		0	0	0	0	
1	1*	1*	0	0	0	⎫
2	0	0	1*	0	0	⎬ vollständiger
3	0	0	0	1*	0	Schiebezyklus
4	1	1	0	0	1*	⎭
5	1	1	1	0	0	
6	1	1	1	1	0	

Angenommen die Ausgänge A, B, C und D sind anfänglich *0*. Die Daten des Einganges
werden durch das NOT-Gatter invertiert, so daß komplementäre Signale an den J- und
K-Eingängen des 1. Flip-Flops liegen. Angenommen eine logische *1* liegt am Eingang
„Daten ein" und ein Impuls liegt am (Schiebe-)Takt-Eingang des Registers. Am Ende
des Taktimpulses wird die *1* an den Ausgang A weitergegeben. Die Ausgänge B, C
und D bleiben *0*, da die Eingangssignale an diesen Flip-Flops während der Dauer des
Taktimpulses *0* waren. Das Ergebnis dieser Vorgänge zeigen die ersten beiden Zeilen
von Tabelle 12.1. Die hineingeschobene *1* ist in Tabelle 12.1 mit einem Stern markiert
um ihre Bewegung durch das Register zu markieren.

Wir haben also eine *1* vom Dateneingang in FFA hineingeschoben. Ebenso haben wir
die Null, die früher in FFA gespeichert war, nach FFB gebracht, genauso wie die Null
von FFC nach FFD. Die gesamte Information des Registers wurde also um eine Stufe
nach rechts verschoben.

Wenn nun das Signal am Dateneingang wieder *0* wird und ein weiterer Schiebeimpuls
ankommt, wird diese *0* am Ende des Taktimpulses in FFA geschoben.

Wenn nun das Signal am Dateneingang *0* wird und ein weiterer Schiebeimpuls ankommt,
wird diese *0* am Ende des Taktimpulses in FFA geschoben. Dieser Wechsel wird durchgeführt, indem der Ausgang $\overline{A}$ gleich *1* wird und zur selben Zeit *1** in FFB geschoben
wird.

Da das Schieberegister 4 Stufen hat, kann es ein *Binärwort* mit 4 bit speichern und man
benötigt 4 Taktimpulse, um ein neues Wort in das Register hineinzuschieben. Nach
4 Taktimpulsen haben wir also (1.) das Wort 0000 aus FFD seriell hinausgeschoben und
(2.) das Wort 1001 seriell hineingeschoben. Man sagt wir haben die Information im Register in Abb. 12.1(a) *aufwärts* oder *nach rechts* verschoben.

Wir können natürlich fortfahren, Daten in das Schieberegister hinein- und aus ihm heraus-
zuschieben und Tabelle 12.1 ist über länger als einen Zyklus fortgesetzt, um zu sehen,
wie die ersten beiden Einsen des nächsten Wortes in den Speicher gelangen. Das hat die
Wirkung, daß die beiden rechten Bits des am Ende des 1. Zyklus gespeicherten Wortes
aus dem Register hinausgeschoben werden.

Der Ausgang von FFD in der Schaltung von Abb. 12.1(a) ist ein kontinuierliches Signal,
entweder *1* oder *0* während des gesamten Taktzyklus. Wenn wir den Ausgang in der
Form einer Impulskette benötigen, können wir das durch UND-Verknüpfung des Aus-
ganges von FFD mit dem Taktimpuls erreichen, wie die strichlierten Linien in
Abb. 12.1(a) andeuten. Die Verbindungen zwischen den Flip-Flops kann man durch Verwendung von D-Flip-Flops vereinfachen, wie Abb. 12.1(b) zeigt. Diese Flip-Flops haben
interne NOT-Gatter, die die Negation der Daten intern durchführen.

Ein Schaltsymbol für Schieberegister zeigt Abb. 12.1(c).

12.2. Ein serielles Links-Rechts-Schieberegister

Im oben beschriebenen Register können die Daten nur nach rechts geschoben werden.
In manchen Anwendungen benötigt man Register, die je nach dem Zustand einer
Steuerleitung Daten nach rechts oder links schieben können.

Die Schaltung von Abb. 12.2 zeigt das Prinzip eines Typs von Links-Rechts-Schiebe-registern. Eine *1* an der Steuerleitung öffnet in dieser Schaltung G1 und sperrt G2. Da-durch gelangen die Daten aus dem Flip-Flop *links* von FFB (FFA in Abb. 12.1) an FFB. Wenn eine *0* an der Links-Rechts-Steuerleitung liegt, ist G2 geöffnet und G3 ist gesperrt. Dadurch gelangen die Daten aus dem Flip-Flop *rechts* von FFB (FFC in Abb. 12.1) an FFB. Der Leser wird bemerken, daß man die UND-ODER-Kombination in Abb. 12.2 durch drei NAND-Gatter ersetzen kann (vgl. Abb. 7.6).

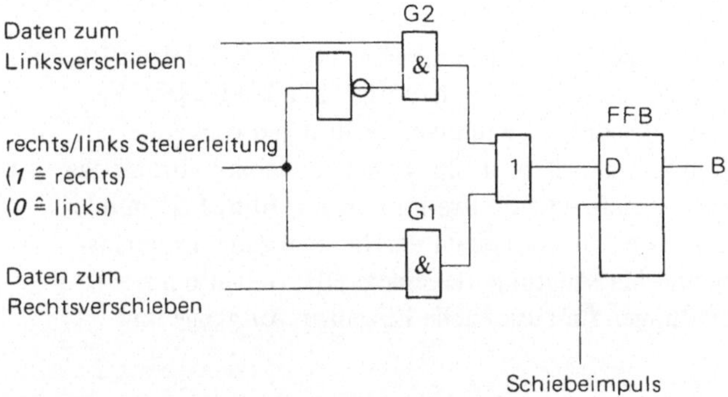

Abb. 12.2. Stufe eines Rechts-Links-Schieberegisters

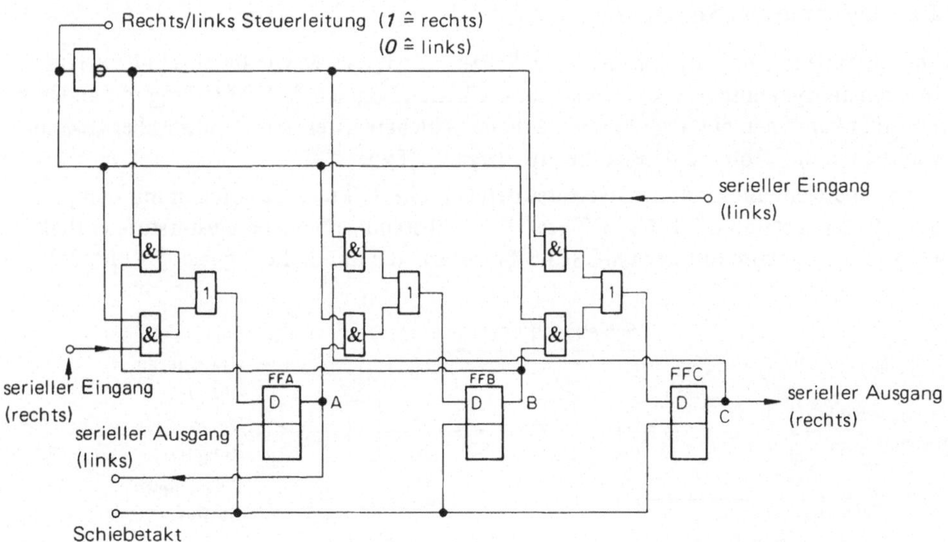

Abb. 12.3. Rechts-Links-Schieberegister

Abb. 12.3 zeigt ein 3-stufiges Links-Rechts-Schieberegister, das auf der Schaltung von
Abb. 12.2 basiert. Beim Rechtsschieben gelangen die Daten vom linken Eingang in FFA
und werden seriell in FFB und dann in FFC geschoben. Beim Linksschieben werden die
Daten seriell vom rechten Eingang in FFC hineingeschoben, dann nach FFB und zum
Schluß nach FFA gebracht.

Wenn man den Ausgang in der Form einer Impulskette benötigt kann man wieder den
geeigneten Ausgang über ein UND-Gatter mit dem Taktimpuls verknüpfen.

12.3. Parallel-Ausgänge

In manchen Anwendungen ist es notwendig, die Zustände aller Flip-Flops gleichzeitig zu
überwachen, d. h. der Ausgang wird in paralleler Form benötigt. Bei den bis jetzt beschriebenen Registern kann man das erreichen, wenn man Schaltungen verwendet, in
denen der Q-Ausgang jedes Flip-Flops zugänglich ist. Bei einem IC-Gehäuse bringt das
eine Begrenzung der Registerlänge mit sich, da wir etwa im Fall von Abb. 12.1 mindestens 5 Anschlüsse am Gehäuse benötigen. Jeweils einen für Dateneingang, Datenausgang, Takt, Spannungsversorgung und Masseleitung. Bei einem DIL-Gehäuse mit 14 Anschlüssen bleiben 9 weitere Verbindungen für zusätzliche Eingänge, Ausgänge und
Steuerfunktionen.

12.4. Schieberegister mit Paralleleingang

Wie bei Binärzählern kann man auch in Register Daten parallel übernehmen. Eine logische Schaltung für Parallelübernahme von Daten wurde in Abschnitt 11.5 beschrieben
und kann auch bei Schieberegistern verwendet werden.

12.5. Dynamische Schieberegister

 Eine spezielle Eigenschaft der MOSFET-Schaltung ist, daß sie wie in Abschnitt 8.10 beschrieben als dynamische Speicherelemente arbeiten können. In Verbindung mit anderen
MOSFETs kann man einfache und verläßliche Schieberegister in monolithischer IC-Bau-
art aufbauen und Abb. 12.4 zeigt die grundlegende Type.

Die Speicherelemente sind die Inverterstufen $G1, G2, G3$ usw. zusammen mit den parasitären Gatekapazitäten $C1, C2, C3$ usw. Eine vollständige Schieberegisterstufe enthält
zwei solche Elemente mit zwei MOSFET-Schaltern, die durch die Signale $\phi 1$ und $\phi 2$

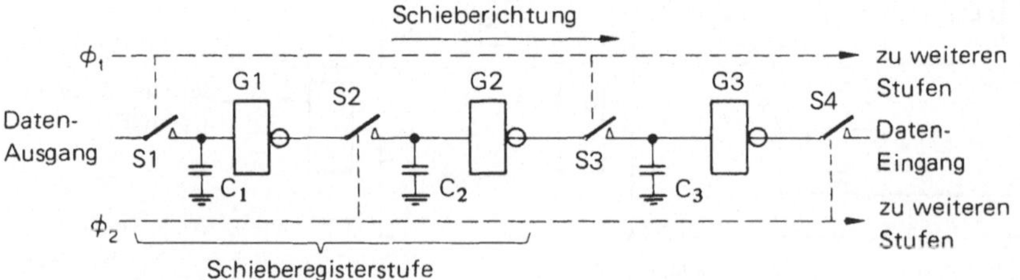

Abb. 12.4. Prinzip eines dynamischen MOS-Schieberegisters

AUS- und EIN-geschaltet werden. Die Steuerleitungen $\phi 1$ und $\phi 2$ werden durch einen *2-phasigen* Puls angetrieben, wobei die Zeitverschiebung von $\phi 1$ und $\phi 2$ so ist, daß die beiden Schalter, die zu einem Speicher gehören, niemals gleichzeitig geschlossen sind.

Wenn $\phi 1 = 1$ ist, ist der Schalter S1 geschlossen und die Daten gelangen vom Eingang in die Kapazität C1. Agenommen, das Datensignal ist logisch *1*. Dieses Signal lädt C1 und durch die Inversion von G1 ist der Ausgang dieses Gatters *0*. Am Ende des $\phi 1$-Impulses öffnet S1 und eine logische *1* kommt auf die Leitung $\phi 2$. Dadurch wird S2 geschlossen und das *0*-Signal am Ausgang von G1 entlädt C2. Der Ausgang von G2 wird logisch *1*. D.h. in einem vollständigen Zyklus werden $\phi 1$ und $\phi 2$ hintereinander *1* und die Eingangsdaten gelangen in die 1. Stufe des Registers.

Während der Zeitperiode, in der die Eingangsdaten in G1 gelangen, werden die Daten aus G2 nach G3 geschoben. Klarerweise verursachen die Signale $\phi 1$ und $\phi 2$, daß alle Daten im Register nach rechts verschoben werden.

Abb. 12.5 zeigt das Schaltbild einer Stufe eines dynamischen Schieberegisters. In dieser Schaltung ersetzt TR1 den Schalter S1 in Abb. 12.4, TR4 ersetzt S2 und TR7 ersetzt S3. Das Gatter G1 in Abb. 12.4 wird in Abb. 12.5 durch TR2 und TR3 und G2 wird durch TR5 und TR6 realisiert.

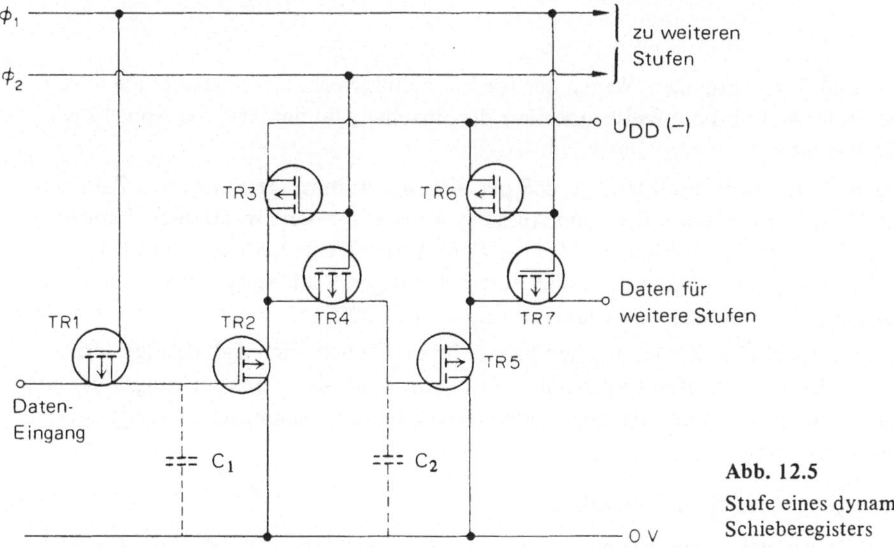

Abb. 12.5
Stufe eines dynamischen Schieberegisters

12.6. Ringzähler

Ein Ringzähler ist einfach ein Schieberegister, dessen Eingang, wie Abb. 12.6 zeigt, direkt von seinem Ausgang angesteuert wird.

Wir wollen annehmen, daß die Stufe A in Abb. 12.6(a) anfänglich eine *1* enthält und daß alle anderen Ausgänge *0* sind. Der 1. Schiebeimpuls am Zähler verursacht, daß die *1* von Stufe A nach Stufe B gelangt und die Nullen in den Stufen B und C sich in die

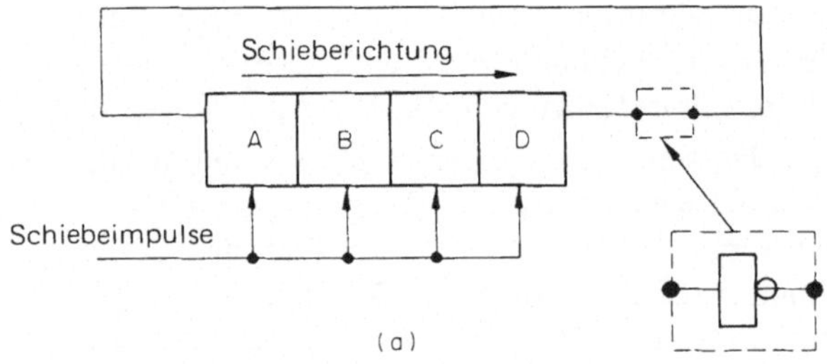

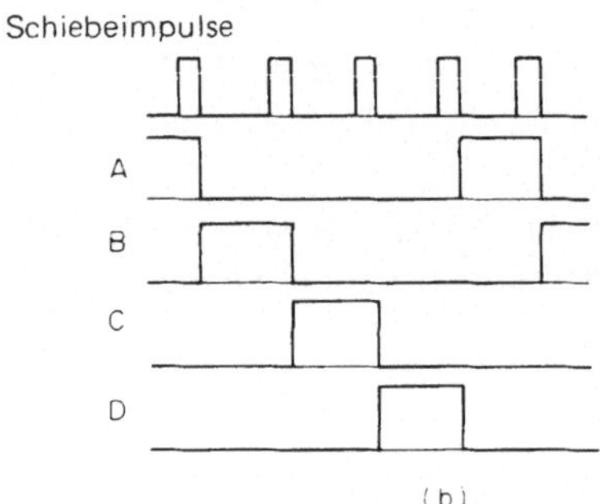

Abb. 12.6. Ringzähler

Stufen C und D fortpflanzen. Wegen der Rückkopplungsverbindung gelangt die *0* von
D in die Stufe A. Auf diese Weise zirkuliert die einzelne *1* in der Art, wie Abb. 12.6(b)
zeigt, im Register.

Eine Eigenschaft von Ringzählern ist, daß der Wert der in ihnen gespeicherten Zahl einfach decodiert werden kann. Die *1* am Ausgang A bedeutet Null; wenn diese *1* am Ausgang B erscheint, ist der Zählerstand 1; eine *1* am Ausgang C entspricht 2 und bei D 3.
Die Zykluslänge des erzeugten Codes bei einem 4-stufigen Schieberegister ist also 4. Ein
Ringzähler für den Dezimalcode würde 10 Flip-Flops benötigen.

Wie wir im Kapitel über Zähler gesehen haben, ist es möglich, eine Zykluslänge von
$2^4 = 16$ mit 4 binären Stufen zu erreichen. D. h. einerseits bietet uns der Ringzähler eine
einfache Form der Decodierung, aber andererseits ist er unökonomisch in bezug auf den
Flip-Flop-Verbrauch.

Startbedingungen für einen Ringzähler

Wenn ein Ringzähler eingeschaltet wird, gibt es keine Garantie, daß die Stufe A eine *1*
enthält und alle anderen Stufen *0* enthalten. Manchmal wird eine Methode verwendet,
die die Zählersituation am Ende des 1. Zyklus richtigstellt, indem man ein zusätzliches
Gatter in das Rückkopplungsnetzwerk einfügt. Die Arbeitsweise beginnt nach dem
1. Zyklus korrekt. Wie diese Schaltung arbeitet, wird im folgenden erklärt.

Wir haben gesehen, daß eine *1* in die Stufe A gelangen muß, nachdem die Ausgänge der
Stufen A, B, C und D alle Null geworden sind. Wenn wir die Rückkopplungsanordnung
von Abb. 12.7(a) verwenden, in der der Eingang der Stufe A durch ein NOR-Gatter,
dessen Eingänge A, B, C und D sind, ansteuern, dann wird eine *1* in A eingeschrieben,

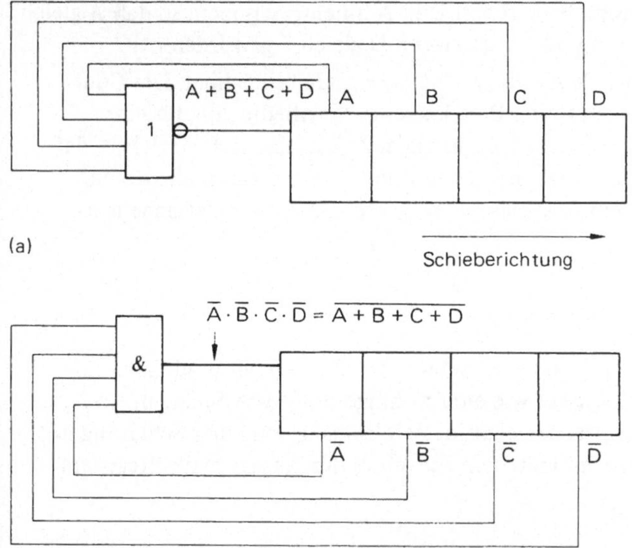

Abb. 12.7
Schaltung zur Gewährleistung richtiger Anfangswerte in Ringzählern

nachdem $A = B = C = D = 0$. Als Alternative kann man auch die Rückkopplung nach Abb. 12.7(b) verwenden.

Gekreuzte Ringzähler

Wenn man das im Einschub von Abb. 12.6(a) gezeichnete NOT-Gatter in die Rückkopplungsschleife des Zählers einfügt, so ist der Eingang zur Stufe A die logische Funktion $\bar{D}$. Dadurch wird die Zykluslänge auf 8 vergrößert, der Codezyklus ist also doppelt so lang wie der des vergleichbaren Ringzählers. Ein Nachteil dieser Methode ist, daß die Decodierung des Binärwertes im Zähler auf Dezimalwerte etwas schwieriger ist. Tabelle 12.2 zeigt die Codefolge dieses Zählers, der wegen der Inversion in der Rückkopplungsschleife gekreuzter Ringzähler genannt wird, beginnend mit der Codegruppe 0000.

Tabelle 12.2

Dezimalwert	A	B	C	D
0	0	0	0	0
1	1	0	0	0
2	1	1	0	0
3	1	1	1	0
4	1	1	1	1
5	0	1	1	1
6	0	0	1	1
7	0	0	0	1
	0	0	0	0

In diesem Fall wird das logische Komplement von D in A hineingeschoben, so daß A gleich
1 wird, wenn D gleich *0* geworden ist und *0* wird, wenn D gleich *1* geworden ist.
Überkreuzte Ringzähler werden oft als Zähler im *Johnson-Code* bezeichnet. Der Code
von Tabelle 12.2 ist ein 4 bit-Johnson-Code. Eine korrekte Startbedingung für eine
Johnson-Code-Folge kann man nach einem vollständigen Zyklus dadurch erreichen, daß
man den Eingang der Stufe C mit der logischen Funktion $B \cdot (A + C)$ an Stelle des Signals B ansteuert. Der Leser kann sein Geschick beim Überprüfen dieser Tatsache feststellen.

12.7. Schieberegisterfolgen

Die Binärfolge, die von einem rückgekoppelten Schieberegister erzeugt wird, hat kein
erkenntliches logisches Schema und wirkt wie eine zufällige Folge von Binärzahlen. Diese
Codes werden durch ein Schieberegister erzeugt, dessen Eingang von einer Schaltung mit
einer mehr oder weniger komplizierten logischen Funktion der Ausgänge des Registers
angesteuert wird.

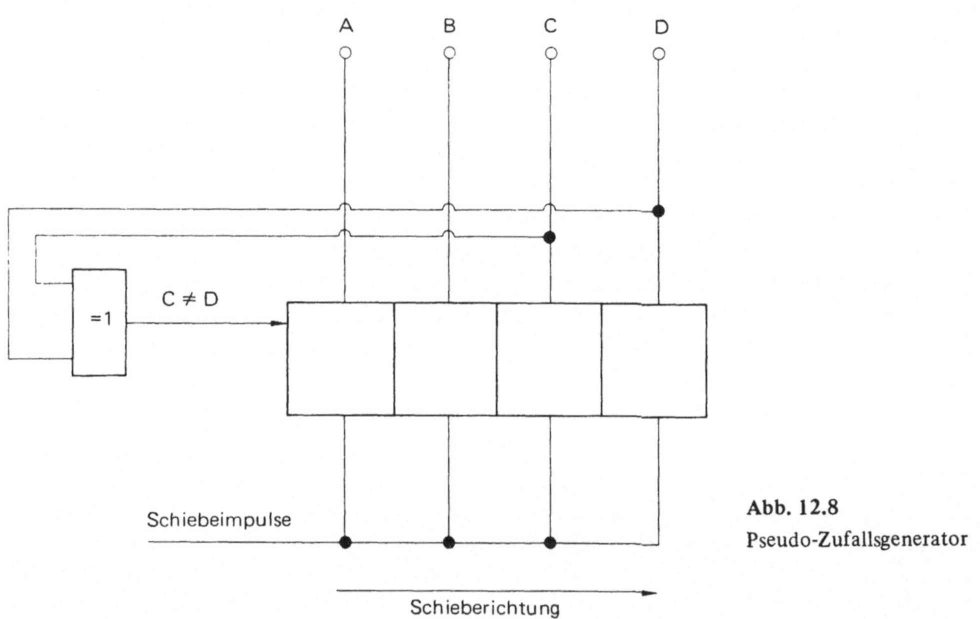

Abb. 12.8
Pseudo-Zufallsgenerator

Eine prinzipielle Form eines Schieberegister-Generators zeigt Abb. 12.8, die ein 4 bit-
Schieberegister enthält, dessen Eingang durch den Ausgang eines Antivalenzgatters ange-
stuert wird. Der Eingang wird seriell am linken Ende hineingeschoben und der Ausgang
kann entweder seriell oder parallel abgegriffen werden. Tabelle 12.3 zeigt die von Abb.
12.8 erzeugte Codefolge und wir erkennen aus der Tabelle, daß eine *1* in die Stufe A gelangt, wenn die Bedingung C ≢ D erfüllt war.

Tabelle 12.3

Schiebeimpuls	A	B	C	D
Anfangswert	1	0	0	0
1	0	1	0	0
2	0	0	1	0
3	1	0	0	1
4	1	1	0	0
5	0	1	1	0
6	1	0	1	1
7	0	1	0	1
8	1	0	1	0
9	1	1	0	1
10	1	1	1	0
11	1	1	1	1
12	0	1	1	1
13	0	0	1	1
14	0	0	0	1

Wenn wir annehmen, daß der Zyklus mit $A = 1$ beginnt, und alle anderen Ausgänge 0 sind, wird wegen $C \equiv D$ eine 0 in die Stufe A geschoben, wenn der 1. Schiebetakt ankommt. Nach dem 1. Schiebetakt ist wiederum $C \equiv D$, so daß mit dem zweiten Taktimpuls eine 0 in die Stufe A geschoben wird. Nach diesem Impuls gilt $C \not\equiv D$ und eine 1 gelangt an den Eingang des Registers. Diese 1 gelangt nach dem 3. Taktimpuls an den Ausgang dieser Stufe. Die Codefolge dieses Zählers ist nach 15 Schiebeimpulsen vollständig.

Diese Art von Schieberegister-Zählern benutzen Flip-Flops mit günstigerem Wirkungsgrad als die vorher beschriebenen Ringzähler, da 15 von 16 möglichen Codekombinationen verwendet werden. Die fehlende Codegruppierung in Tabelle 12.3 ist die Kombination 0000; wenn beim Einschalten etwa alle Ausgänge den Wert 0 annehmen, so ändert sich dieser Zustand nicht, da die Nullen fortgesetzt durch den Zähler kreisen. In Zählern dieser Art ist es daher notwendig, zusätzliche Schaltelemente vorzusehen, die verhindern, daß alle Flip-Flops den Zustand 0 annehmen.

Wenn wir in Abb. 12.8 ein Äquivalenzgatter in der Rückkopplungsleitung verwenden, hätten wir eine Codefolge der Länge 15 erzeugt, die zwar den Zustand 0000 enthält, aber dafür nicht den Zustand 1111. Der Leser kann diese Tatsache leicht überprüfen. Da das Bitmuster, das von dieser Schaltung erzeugt wird, kein wirkliches Zufallsmuster ist, wird es *Pseudo-Zufallsfolge* genannt. Die Anwendung von Pseudo-Zufallsgeneratoren reicht von der Beleuchtungssteuerung (z. B. Weihnachtsbeleuchtung) bis zum Test von elektronischen Systemen.

Die Zykluslänge von Schieberegister-Generatoren hängt nicht nur von der Anzahl der Stufen ab, sondern auch, wie man dieses Signal bildet. Die maximale Codelänge für n Stufen ist $2^n - 1$, d. h. 7 für 3 Stufen, 15 für 4 Stufen, 31 für 5 Stufen usw.

13. Anwendungen digitaler Elektronik

13.1. Umwandlung eines Relaissystems auf elektronische Logik

Eine Aufgabe der Industrie ist es, logische Netzwerke zu entwerfen, die Relaissysteme ersetzen können. Manche grundlegende Schaltungen werden sehr oft in der Steuerung elektrischer Maschinen verwendet und in diesem Abschnitt wollen wir zeigen, wie sich die wichtigsten davon in logische Schaltungen umwandeln lassen.

Arbeitskontakte in Serie

Wo seriengeschaltete Arbeitskontakte verwendet werden, wie etwa in Abb. 13.1(a), kann man sie durch ein UND-Gatter wie in Abb. 13.1(b) ersetzen. Diese Kontaktanordnung kann in einer Anwendung auftreten, in der die Schalter A, B und C geschlossen sein müssen, bevor weiteres passieren kann.

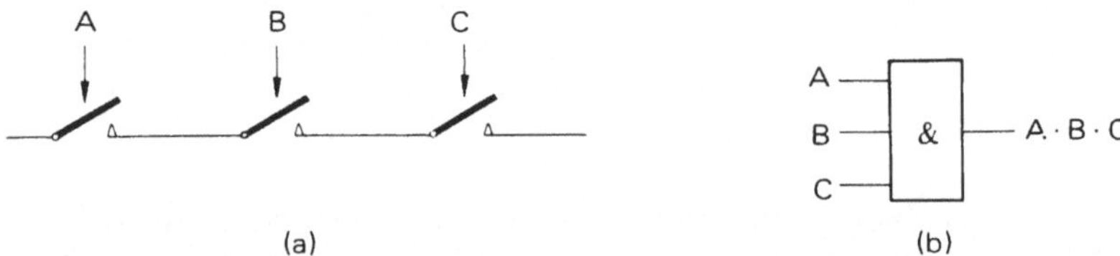

Abb. 13.1. Ersetzen von seriengeschalteten Relaiskontakten durch ein UND-Gatter

Parallelgeschaltete Arbeitskontakte

Wenn wir einen Motor durch einen von 2 Schaltern starten wollen, können wir diese beiden wie in Abb. 13.2(a) parallelschalten. Die elektronische Logik-Schaltung, die dieser Anordnung genügt, ist das ODER-Gatter mit 2 Eingängen in Abb. 13.2.

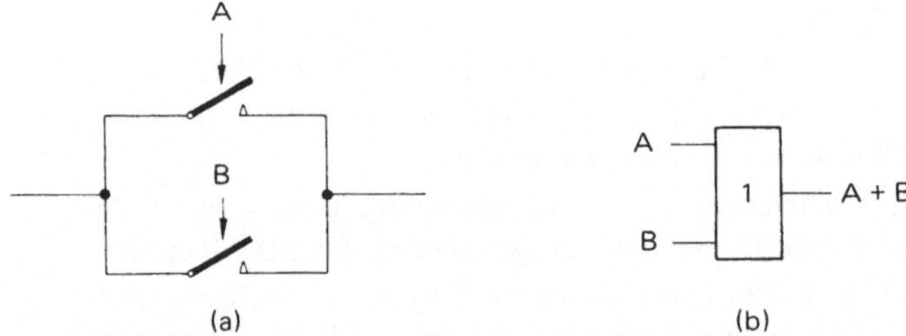

Abb. 13.2. Ersetzen von parallelgeschalteten Relaiskontakten durch ein ODER-Gatter

Serienschaltung von Ruhekontakten

In einigen industriellen Anwendungen ist es notwendig, Sicherheitselemente wie etwa Notaustaster in ein System einzuschließen. Diese Schalter haben Ruhekontakte, die

Abb. 13.3. Ersetzen von Ruhekontakten durch ein logisches Gatter

geöffnet werden, wenn man den Schalter bedient. Das bewirkt eine Unterbrechung des Stromes durch die Schaltung. Das Relaisnetzwerk zeigt Abb. 13.3.(a) und das logische Äquivalent ist ein UND-Gatter mit negierten Eingängen, wie Abb. 13.3(b) zeigt.

Eine vollständige Schaltung

Angenommen, wir müssen die Relaisschaltung von Abb. 13.4(a) in ein logisches Netzwerk umwandeln. Wenn wir die Schaltung betrachten, erkennen wir, daß die Signale A, B und C dazu verwendet werden können, ein UND-Gatter, das wir G 1 nennen, anzusteuern. Der Ausgang dieses Gatters wird mit dem Signal D ODER-verknüft, was in der logischen Schaltung durch G 2 durchgeführt wird. Da die Ruhekontakte E und F mit dem Ausgang von G 2 verbunden sind, können wir diesen mit den negierten Signalen E und F UND-verknüpfen. Das vollständige logische Schalbild zeigt Abb. 13.4(b).

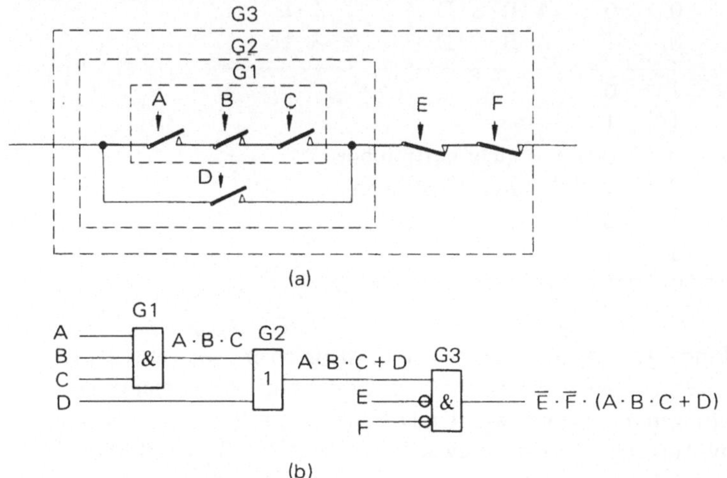

Abb. 13.4. Das Relaisnetzwerk (a) kann durch die logische Schaltung (b) ersetzt werden

13.2. Codeumwandlungen

Sehr oft ist es nötig, Information vom Binärcode in eine ander Codeform umzuwandeln. Das ist z. B., wenn wir einen Dezimalausgang aus einem elektronischen Binärzähler benötigen. Die Schnittstelle zwischen den beiden Systemen wird Codeumwandler genannt und den Entwurf von Codeumwandlern kann man aus den Wahrheitstabellen der Codefolgen ableiten.

13.3. Codeumwandlung vom 8421-BCD-Code in den Dezimalcode

In diesem Beispiel wollen wir den 8421-BCD-Code in einen dezimalen Ausgang (10 Leitungen) umwandeln, um etwa eine Ziffernanzeige anzusteuern. Tabelle 13.1 gibt die Codefolge mit der Decodierlogik an. Der Entwurf wird im folgenden detailliert diskutiert.

Tabelle 13.1

Dezimalwert (Ausgang)	8421 BCD-Code				Decodierlogik	minimierte Decodierlogik
	A (8)	B (4)	C (2)	D (1)		
0	0	0	0	0	$\bar{A}\cdot\bar{B}\cdot\bar{C}\cdot\bar{D}$	$\bar{A}\cdot\bar{B}\cdot\bar{C}\cdot\bar{D}$
1	0	0	0	1	$\bar{A}\cdot\bar{B}\cdot\bar{C}\cdot D$	$\bar{A}\cdot\bar{B}\cdot\bar{C}\cdot D$
2	0	0	1	0	$\bar{A}\cdot\bar{B}\cdot C\cdot\bar{D}$	$\bar{B}\cdot C\cdot\bar{D}$
3	0	0	1	1	$\bar{A}\cdot\bar{B}\cdot C\cdot D$	$\bar{B}\cdot C\cdot D$
4	0	1	0	0	$\bar{A}\cdot B\cdot\bar{C}\cdot\bar{D}$	$B\cdot\bar{C}\cdot\bar{D}$
5	0	1	0	1	$\bar{A}\cdot B\cdot\bar{C}\cdot D$	$B\cdot\bar{C}\cdot D$
6	0	1	1	0	$\bar{A}\cdot B\cdot C\cdot\bar{D}$	$B\cdot C\cdot\bar{D}$
7	0	1	1	1	$\bar{A}\cdot B\cdot C\cdot D$	$B\cdot C\cdot D$
8	1	0	0	0	$A\cdot\bar{B}\cdot\bar{C}\cdot D$	$A\cdot\bar{D}$
9	1	0	0	1	$A\cdot\bar{B}\cdot\bar{C}\cdot D$	$A\cdot D$
	1	0	1	0		
	1	0	1	1		
	1	1	0	0	nicht auftretende	
	1	1	0	1	Kombinationen	
	1	1	1	0		
	1	1	1	1		

Der Umwandler hat 4 Eingänge – A, B, C und D –, die entsprechend der Tabelle 13.1 gleichzeitig angesteuert werden. Bei einem bestimmten Zählerstand soll immer genau eine der 10 Ausgangsleitungen angesteuert werden. D. h. wenn $A = B = C = D = 0$, soll eine logische 1 am „Null-Ausgang" des Codeumwandlers (vgl. Abb. 13.5) auftreten; dieses Signal wird verwendet, um die Null am Anzeigeelement zu betreiben. Wenn der Zähler das Binäräquivalent von dezimal 7 enthält, d. h. $A = 0$ und $B = C = D = 1$, dann soll logisch 1 am Ausgang 7 liegen. An den anderen Ausgängen sollen jeweils logisch 0 Signale liegen.

Aus dem oben Gesagten erkennen wir, daß die Bedingung für einen Zählerstand von dezimal 0 durch eine Schaltung erkannt wird, die die Funktion $\bar{A}\cdot\bar{B}\cdot\bar{C}\cdot\bar{D}$ liefert. In ähnlicher Weise wird ein Zählerstand von dezimal 7 durch ein Gatter für die Funktion $\bar{A}\cdot B\cdot C\cdot D$ erkannt. Die grundlegenden logischen Ausdrücke, um den BCD-Code auf dezimal umzucodieren, werden in dieser Art abgeleitet. Die Logik für den Codeum-

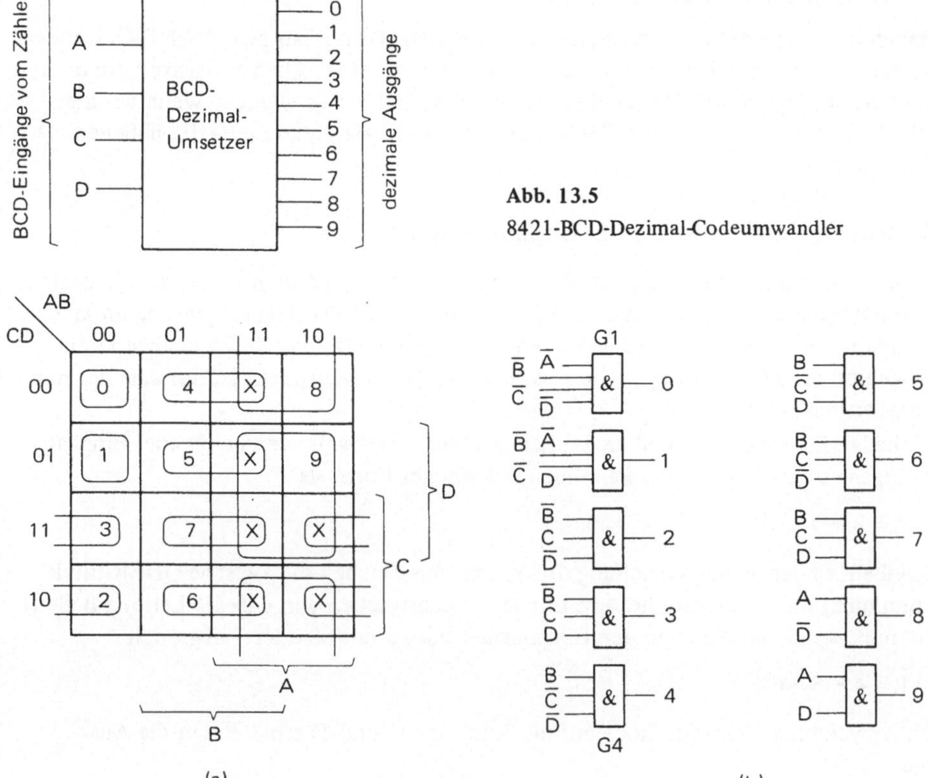

Abb. 13.5
8421-BCD-Dezimal-Codeumwandler

(a)

(b)

Abb. 13.6. Entwurf eines 8421-BCD-Dezimal-Codeumwandlers

wandler kann man vereinfachen, indem man die Codekombinationen von Tabelle 13.1
in der Art eines Karnaugh-Diagrammes wie in Abb. 13.6(a) anschreibt.

In dieses Diagramm schreiben wir in jede Zelle den dieser Zelle entsprechenden Dezimal-
wert. D. h. in die Zelle 0000 schreiben wir 0, in die Zelle 0001 schreiben wir 1, in Zelle
0010 schreiben wir 2 usw. bis zur Zelle 1001 (dezimal 9). Den Rest der Zellen füllen wir
mit X, was der Tatsache entspricht, daß diese Kombinationen nicht auftreten können.
Wir fassen dann alle die Zellen zu Gruppen zusammen, die eine Nummer und möglichst
viele X enthalten, wobei wir darauf aufpassen, daß nie zwei Zellen mit einer Nummer in
einer Gruppe auftreten. Die minimalen Ausdrücke für diese Gruppierungen zeigt
Tabelle 13.1 und das zugehörige UND-Netzwerk zeigt Abb. 13.6(b).

BCD-Dezimal-Codeumwandler mit NOR-Gattern

Die UND-Gatter von Abb. 13.6(b) kann man durch NOR-Gatter ersetzen, wenn man jedes
Eingangssignal invertiert. Ein NOR-Gatter mit den Eingängen A, B, C und D kann man
verwenden, um G1 zu ersetzen und eines mit den Eingängen $\overline{D}$, C und D kann G4 ersetzen
usw.

BCD-Dezimal-Codeumwandler mit NAND-Gattern

Wir haben in Abschnitt 7.3 gesehen, daß man ein UND-Gatter aus zwei NAND-Gattern erzeugen kann, wobei das 2. Gatter einfach als Inverter arbeitet. Als Alternative können wir ein einzelnes NAND-Gatter an Stelle eines UND-Gatters verwenden, wenn wir die logische 0 dazu verwenden, einen Zählerstand zu identifizieren an Stelle des üblichen logisch 1 Signals.

13.4. Ein Dezimal - 8421-BCD-Codeumwandler

In Computern und anderen digitalen Rechnern benötigen wir Schaltungen, die ein dezimales Eingangssignal akzeptieren und es in die passende BCD-Codegruppierung umsetzen. Wir können wiederum Tabelle 13.1 verwenden, nur sind jetzt die 10 Dezimalwerte die Eingänge und die BCD-Leitungen die Ausgänge. Zu jedem Zeitpunkt ist nur eine dezimale Eingangsleitung aktiv.

Aus Tabelle 13.1 sehen wir, daß am Ausgang A eine 1 sein soll, wenn entweder Eingang 8 oder Eingang 9 gleich 1 ist. Das kann man in logischer Form als

$$A = 8 + 9$$

anschreiben. In der obigen Gleichung drückt das Plus-Zeichen die logische ODER-Funktion und nicht die arithmetische Addition aus. Ebenso sehen wir, daß die Leitung B gleich 1 sein muß, wenn ein Signal an den Eingängen 4 oder 5 oder 6 oder 7 liegt, d. h.

$$B = 4 + 5 + 6 + 7$$

Durch Anwendung dieser Methode auf die Ausgänge C und D erhalten wir die Ausdrücke

$$C = 2 + 3 + 6 + 7$$
$$D = 1 + 3 + 5 + 7 + 9$$

Dezimal-BCD-Codeumwandler mit NOR-Gattern

Eine vollständige Schaltung für einen Dezimal-BCD-Codeumwandler mit ODER-Gattern zeigt Abb. 13.7. Die Gatter von Abb. 13.7 können direkt durch äquivalente NOR-Netzwerke (vgl. Kapitel 7) ersetzt werden. Als Alternative kann man jedes Gatter in Abb. 13.7 durch ein einzelnes NOR-Gatter ersetzen, wenn wir festlegen, daß ein aktiver Ausgang durch 0 und nicht durch 1 festgelegt ist.

Dezimal-BCD-Umwandler mit NAND-Gattern

Wenn wir die einzelnen Eingangssignale der Gatter in Abb. 13.7 negieren und jedes ODER-Gatter durch ein NAND-Gatter ersetzen, so ist das entstehende Netzwerk äquivalent dem von Abb. 13.7.

13.5. Ein Decodierer für Johnson-Code - 7-Segment-Anzeige

Eine der häufigsten Methoden, eine Dezimalziffer anzuzeigen, ist die 7-Segment-Anzeige. Das grundlegende Format dieser Anzeige zeigt Abb. 13.8(a). Es besteht aus 7 Balken von

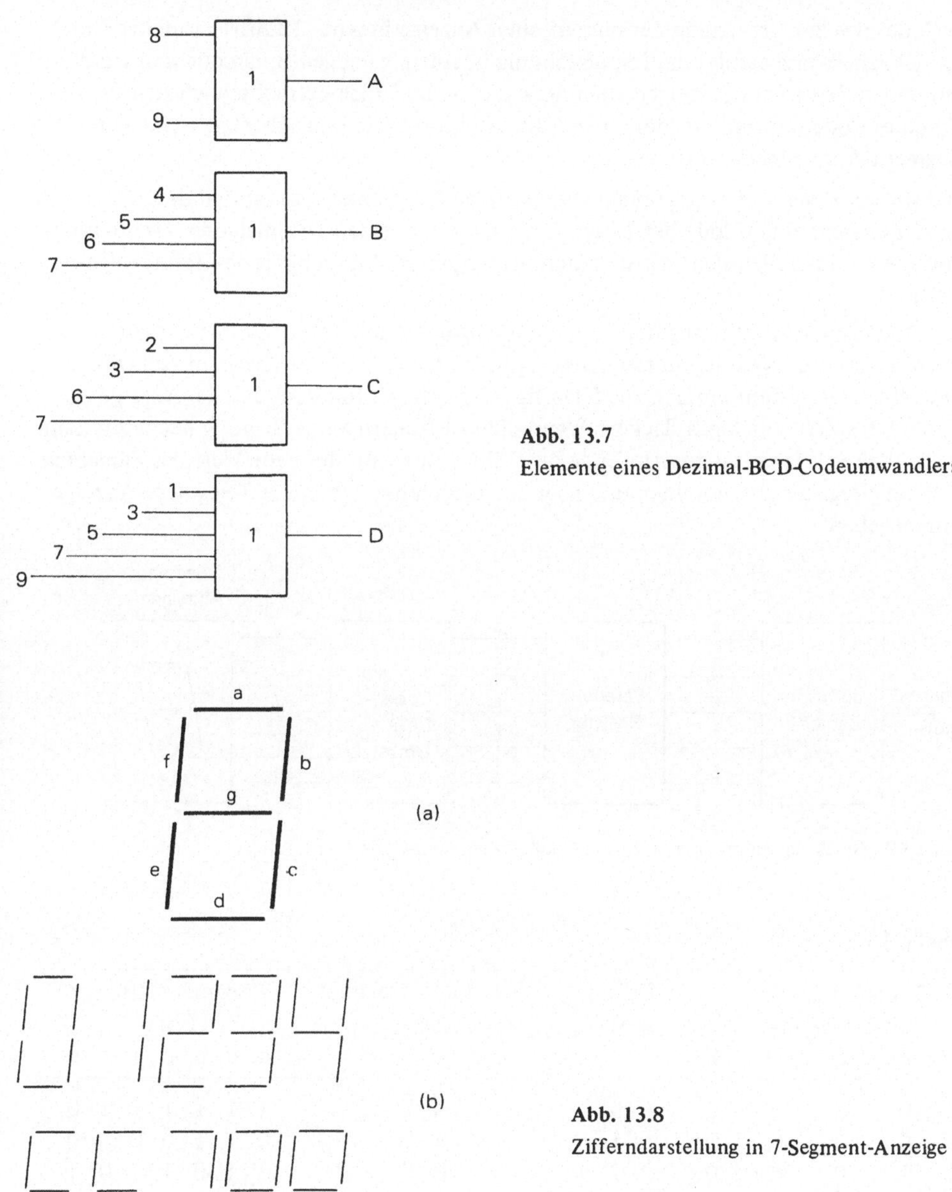

Abb. 13.7
Elemente eines Dezimal-BCD-Codeumwandlers

(a)

(b)

Abb. 13.8
Zifferndarstellung in 7-Segment-Anzeige

a bis g, die je nach angelegter Spannung am Segment leuchten oder dunkel sind. Die den 10 Dezimalziffern entsprechenden Anzeigen zeigt Abb. 13.8(b). Viele verschiedene Schaltelemente werden in dieser Anordnung verwendet, z. B. lichtemittierende Dioden, Flüssigkristalle, Glühfäden und Gasentladungselemente.

Die Codefolge zur Erzeugung der numerischen Anzeige in Abb. 13.8(b) ist relativ komplex. Üblicherweise erfolgt die Impulszählung in einem gängigen Binärcode und wird dann in den 7-Segment-Anzeigecode umgesetzt. In der Folge betrachten wir den Entwurf eines Codeumwandlers, der einen 5-Bit-Johnson-Code (vgl. Abschnitt 12.6) in den 7-Segment-Anzeigecode umsetzt.

Der Johnson-Code wird durch einen überkreuzten Ringzähler erzeugt und dieses 5-stufige Register erzeugt einen Code der Länge $2 \times 5 = 10$ d. h. einen Dezimalcode. Dieser Johnson-Code wird bei digitalen Instrumenten oft wegen der Einfachheit des Zählschaltwerks verwendet.

Die grundlegende Anordnung der 7-Segment-Anzeige zeigt Abb. 13.9. Sie enthält einen 5-Bit-Johnson-Code-Zähler, dessen Ausgang in ein *Parallelregister* übernommen wird. Dieses Register besteht einfach aus 5 D-Flip-Flops, die verhindern, daß die Anzeige während des Zählvorganges flackert. Wenn dieses Flackern keine Störung bedeutet, kann das Parallelregister entfallen. Am Ende des Zählzyklus wird der neue Wert des Zählers in das Parallelregister übernommen und über den Codeumsetzer an die 7-Segment-Anzeige weitergegeben.

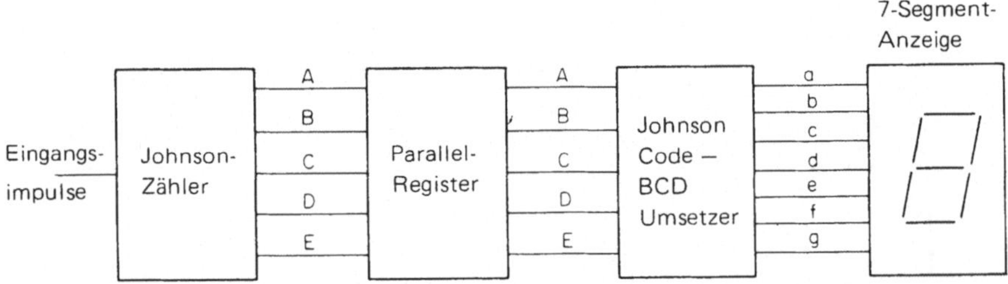

Abb. 13.9. Blockdiagramm eines Johnson-Code - 7-Segment-Code-Umwandlers

Tabelle 13.2

5-Bit-Johnson- zähler Ausgang					Dezimal- wert	Johnson – Dezimal Logik	7-Segment-Anzeige Code						
A	B	C	D	E			a	b	c	d	e	f	g
0	0	0	0	0	0	$\overline{A} \cdot \overline{E}$	1	1	1	1	1	1	0
1	0	0	0	0	1	$A \cdot \overline{B}$	0	1	1	0	0	0	0
1	1	0	0	0	2	$B \cdot \overline{C}$	1	1	0	1	1	0	1
1	1	1	0	0	3	$C \cdot \overline{D}$	1	1	1	1	0	0	1
1	1	1	1	0	4	$D \cdot \overline{E}$	0	1	1	0	0	1	1
1	1	1	1	1	5	$A \cdot E$	1	0	1	1	0	1	1
0	1	1	1	1	6	$\overline{A} \cdot B$	1	0	1	1	1	1	1
0	0	1	1	1	7	$\overline{B} \cdot C$	1	1	1	0	0	0	0
0	0	0	1	1	8	$\overline{C} \cdot D$	1	1	1	1	1	1	1
0	0	0	0	1	9	$\overline{D} \cdot E$	1	1	1	1	0	1	1

Der Codeumsetzer wird nach Tabelle 13.2, die den Johnson-Code und den Code für die Anzeige der Dezimalziffern angibt, entworfen. Im unten beschriebenen Prozeß leiten wir zunächst die logischen Beziehungen zur Umwandlung des Johnson-Codes in den Dezimalcode ab und dann entwerfen wir mit Hilfe dieser Beziehungen einen Dezimal-7-Segment-Codeumsetzer.

Um dezimal 0 zu entdecken, benötigen wir ein UND-Gatter mit 5 Eingängen, das die Funktion $\overline{A} \cdot \overline{B} \cdot \overline{C} \cdot \overline{D} \cdot \overline{E}$ erzeugt. Wenn wir diese Beziehung genauer betrachten und mit den anderen Kombinationen der Zählfolge vergleichen, erkennen wir, daß der minimale Ausdruck für die eindeutige Kennzeichnung der dezimalen Null einfach $\overline{A} \cdot \overline{E}$ ist. Diesen Vorgang wiederholen wir für jeden dezimalen Zählerstand und erhalten die minimalen logischen Beziehungen für den Johnson-Dezimal-Codeumsetzer.

Wir müssen jetzt diese Dezimalsignale in den 7-Segment-Anzeigecode umsetzen, um die Elemente der Anzeigeeinheit anzusteuern. Die 7-Segment-Codefolge erhalten wir, wenn wir die Zustände jedes Segments der Abb. 13.8(b) für die einzelnen dezimalen Werte betrachten. Wenn 0 angezeigt wird, ist Segment g dunkel und alle anderen Segmente leuchten, so daß in der 0-Zeile der Tabelle in der g-Spalte eine Null und Einsen in allen anderen Spalten einzutragen sind. Wenn die Anzeige 1 darstellt, sind die Segmente d und c beleuchtet und alle anderen dunkel. Daher schreiben wir Einsen in die B- und C-Spalte und Nullen in alle anderen Spalten der Zeile für 1. Dieser Vorgang wird wiederholt, bis die Tabelle komplett ist.

Mit Hilfe der Methode von Abschnitt 13.4 erkennen wir, daß das Segment a leuchtet, wenn die folgende Bedingung erfüllt ist:

a = 0 oder 2 oder 3 oder 5 oder 6 oder 7 oder 8 oder 9.

Dieser Ausdruck benötigt ein ODER-Gatter mit 8 Eingängen, um den richtigen Ausgang für das Segment a zu liefern. Andererseits sehen wir, daß das Segment a bei den Zählerständen 1 und 4 dunkel ist. D. h. das Segment a muß leuchten, wenn die Bedingung NOT (1 oder 4) erfüllt ist. Diese Bedingung kann man mit einem NOR-Gatter mit 2 Eingängen erkennen und wird daher der ODER-Gatter-Realisierung vorgezogen. Wenn wir diesen Vorgang mit den anderen Segmenten wiederholen und die Johnson-Dezimal-Codeumsetzung einsetzen, erkennen wir, daß die Gesamtlogik für den Umsetzer durch folgende Gleichungen gegeben ist.

$$a = \overline{1 + 4} = \overline{A \cdot \overline{B} + D \cdot \overline{E}}$$

$$b = \overline{5 + 6} = \overline{A \cdot E + \overline{A} \cdot B}$$

$$c = \overline{2} = \overline{B \cdot \overline{C}}$$

$$d = \overline{1 + 4 + 7} = \overline{A \cdot \overline{B} + D \cdot \overline{E} + \overline{B} \cdot C}$$

$$e = 0 + 2 + 6 + 8 = \overline{A} \cdot \overline{E} + B \cdot \overline{C} + \overline{A} \cdot B + \overline{C} \cdot D$$

$$f = \overline{0 + 2 + 3 + 7} = \overline{A \cdot \overline{B} + B \cdot \overline{C} + C \cdot \overline{D} - \overline{B} \cdot C}$$

$$g = \overline{0 + 1 + 7} = \overline{A} \cdot \overline{E} + A \cdot \overline{B} + \overline{B} \cdot C$$

13.6. Zeitmultiplexer (time division multiplexer, TDM)

Der Zeitmultiplexer bietet eine Methode, um parallel anliegende Daten, d. h. Daten, die simultan auf einer Anzahl von Leitungen dargeboten werden, in serielle Form umsetzen, so daß sie über eine einzelne Leitung übertragen werden können. Beispiele dieser Methode bietet die Übertragung mehrerer Telefongespräche über ein einzelnes Adernpaar oder Datenerfassungsgeräte, die den Zustand von Datenleitungen abfragen und die Daten sequentiell auf einer Schreibmaschine ausgeben.

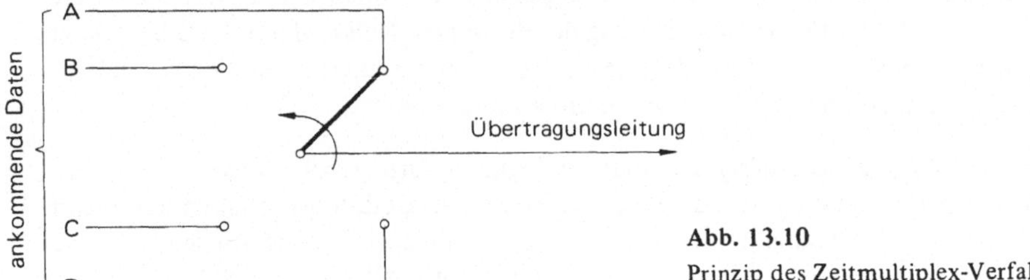

Abb. 13.10
Prinzip des Zeitmultiplex-Verfahrens

Die Grundlage eines Multiplexersystems zeigt Abb. 13.10. Die Dateneingänge A, B, C und D sind mit 4 festen Kontakten eines Schalters verbunden. Der rotierende Kontakt tastet die Zustände der Datenleitungen sequentiell ab und überträgt die Daten über die Übertragungsleitung in der Folge A, B, C, D. Zusätzlich zu den Daten muß man auch Synchronisiersignale übertragen, so daß die Empfangseinrichtung den Beginn der Folge erkennen kann.

Ein vereinfachtes Multiplexsystem mit elektronischer Logik zeigt Abb. 13.11. Anstelle des rotierenden Schalters benützen wir einen Ringzähler, wobei die zirkulierende logische

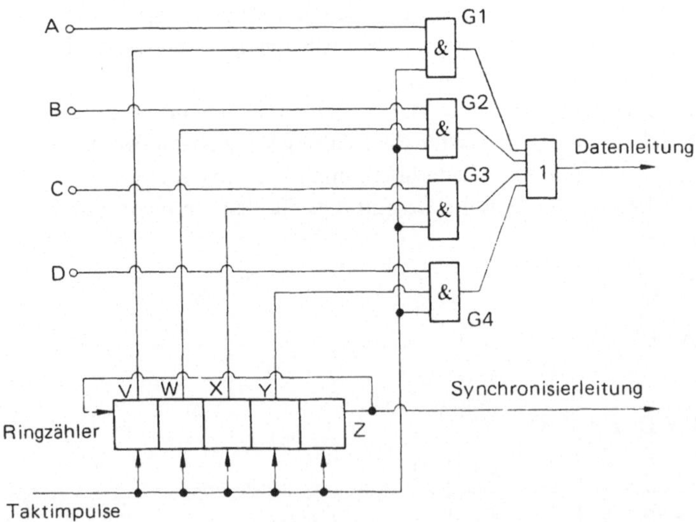

Abb. 13.11. Logisches Blockschaltbild eines Zeitmultiplex-Systems

1 als Abtastkontakt wirkt. Wenn die *1* in der Stufe V auftritt, wird G1 aktiviert, so daß das Signal vom Eingang A (das entweder *1* oder *0* sein kann) auf die Datenleitung gelangt. Der nächste Taktimpuls schiebt die *1* im Ringzähler in die Stufe W, so daß der Zustand des Einganges B auf die Datenleitung gelangt. Bei jedem Taktimpuls wird die nächste Eingangsleitung abgetastet. Die Synchronisation wird in dieser Schaltung mit einer 2. Leitung erreicht, deren Funktion es ist, einen Impuls zu übertragen, wenn die *1* des Ringzähles in der Stufe Z steht.

Der Leser wird erkennen, daß der Taktimpuls auch an die Eingänge von G1–G4 geschaltet ist. Diese Verbindung wird nur dann benötigt, wenn ein Sicherheitsabstand zwischen den Datenimpulsen liegen muß. Wenn man das Taktsignal von diesen Gattern trennt und wenn A = B = C = D = *1*, dann wäre eine kontinuierliche *1*-Spannung auf der Datenleitung.

13.7. Ein serielles Binäraddierwerk

In Kapitel 9 haben wir uns mit den Grundlagen der Serienaddition beschäftigt und hier wollen wir eine vollständige Schaltung, wie sie etwa in einer Rechenmaschine verwendet werden kann, besprechen.

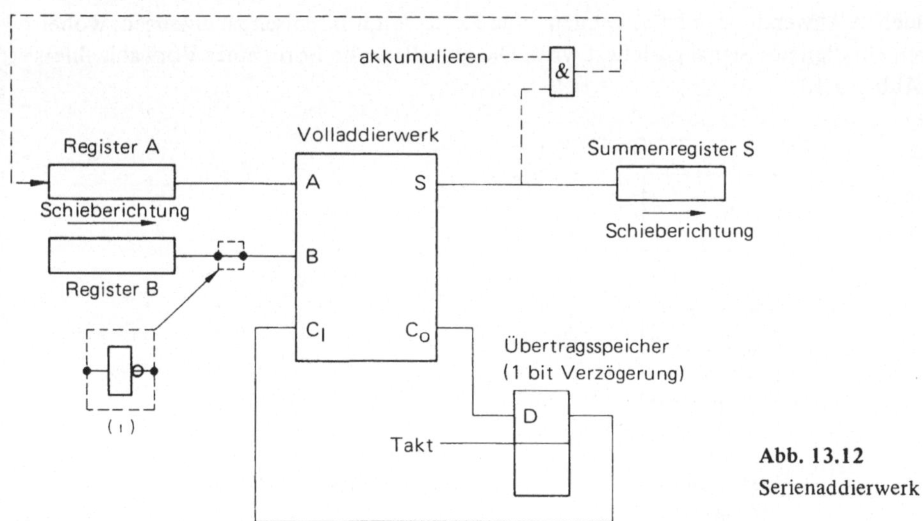

Abb. 13.12
Serienaddierwerk

Die Register A und B in Abb. 13.12 werden verwendet, um die beiden Binärworte, die addiert werden sollen, zu speichern. Diese werden seriell in das Volladdierwerk hineingeschoben. Zur gleichen Zeit wird die Summe in das *Summenregister* S geschoben und der Übertrag für die nächste Addition im Übertragsspeicher abgelegt, wobei dieser mit *0* initialisiert wird.

Das Summenregister muß um 1 bit länger sein als die Binärsummanden, um einen eventuellen Überlauf aufnehmen zu können.

Die Anzahl der Register kann um 1 reduziert werden. wenn man die strichlierte Verbindung in Abb. 13.12 realisiert. Wenn in diesem Fall das *Akkumuliersignal* durch eine *1* angesteuert wird, gelangt der Summenausgang des Addierers in das Register A. Register A übernimmt also die Funktionen, einen Summanden und auch die Summe zu speichern. Während die Zahl aus dem Register A nach rechts in den Addierer hineingeschoben wird, wird die Summe links in das Register A hineingeschoben. Wenn eine *0* an die Akkumuliersteuerleitung gelegt wird und Schiebeimpulse angelegt werden, wird das Register A gelöscht.

13.8. Ein Seriensubtrahierwerk

In Abschnitt 9.6 haben wir gesehen, daß man die Subtraktion durch Addition des Komplements des Subtrahenden durchführen kann. Wenn wir in Abb. 13.12 den Invertor im Einschub (i) einfügen, so wird im Register S der Binärwert von (A − B) abgespeichert. In diesem Fall wird das höchstwertige Bit im Register S das Vorzeichenbit.

Wie beim Addierwerk kann auch das Register A zur Speicherung des Minuenden und der Differenz verwendet werden.

13.9. Ein Vorwahlzähler

In manchen Anwendungen ist es bequem eine Kette von n Impulsen zu erzeugen, wobei n durch ein digitales Signal gesteuert wird. Die grundlegende Form eines Vorwahlzählers zeigt Abb. 13.13.

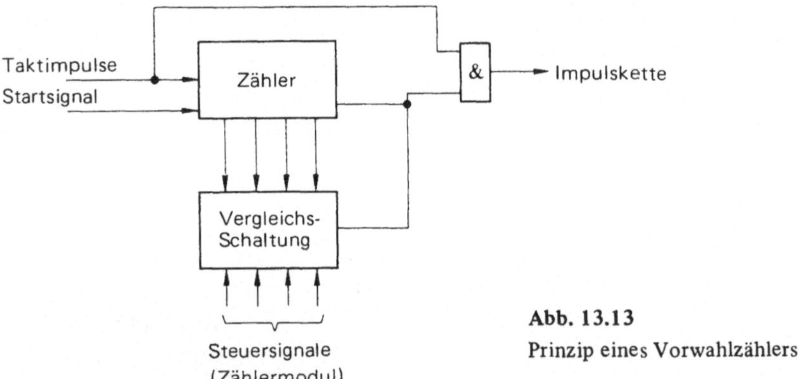

Abb. 13.13
Prinzip eines Vorwahlzählers

Wenn ein einzelner Impuls an den Starteingang kommt, soll eine Impulskette von der Schaltung abgegeben werden. Solange der Zählerstand kleiner als der durch die Steuerleitungen angegebene Wert ist, ist der Ausgang des Komparators logisch *1*. Dieses Signal bewirkt zweierlei. Erstens erlaubt es, daß die Taktimpulse gezählt werden und zweitens gelangen Impulse an den Ausgang des UND-Gatters. Wenn der Zählerstand gleich ist dem Wert, der durch die Steuerleitung angegeben wird, wird der Ausgang des Komparators *0*. Dieses Signal stoppt den Zähler und sperrt auch das UND-Gatter für weitere Taktimpulse.

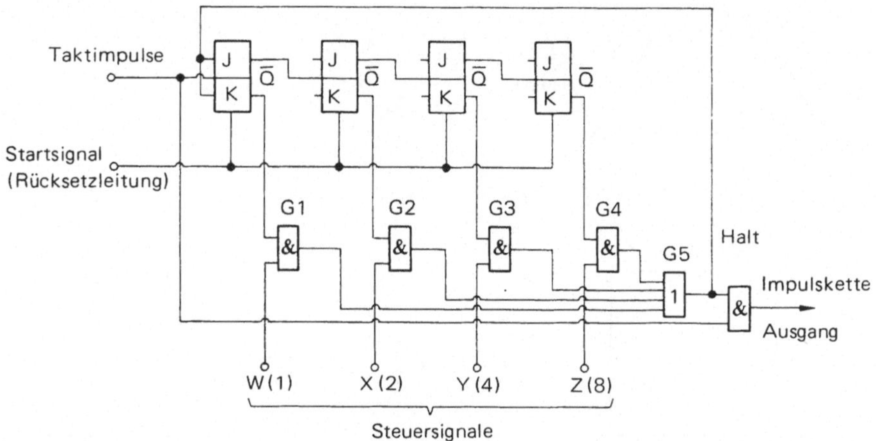

Abb. 13.14. Blockdiagramm eines Vorwahlzählers

Der Zähler und der Komparator bilden zusammen einen *selbstanhaltenden, variablen Modulo-Zähler,* wobei der Modul durch den Binärwert der Steuerleitungen gegeben ist.

Eine Schaltung für bis zu 15 Impulse zeigt Abb. 13.14. Zum Zählen der Taktimpulse wird ein Asynchronzähler verwendet und der Binärkomparator wird durch die Gatter G 1 bis G 5 gebildet. Der Modul des Zählers wird durch die Eingänge W bis Z gesteuert und die Gewichte für logisch *1* sind in der Abbildung angegeben. Die Impulskette wird begonnen, indem alle Flip-Flops auf *0* gesetzt werden, wenn die Ausgänge $\overline{Q}$ gleich *1* werden. Wenn W = X = *1* und Y = Z = *0*, dann ist der Ausgang von G 5 während der ersten drei Taktimpulse *1* und anschließend, wenn nicht mehr gezählt wird, *0*.

Eine Trigger-Schaltung mit NAND-Gattern

Eine Triggerschaltung hat 2 stabile Arbeitszustände und der Ausgang ändert sich von einem Zustand zum andern, wenn die Eingangsspannung bestimmte Werte erreicht. Eine häufige Anwendung für Triggerschaltungen ist ein Spannungsdiskriminator, bei dem sich die Ausgangspannung abrupt von einem Pegel zum anderen ändert, wenn die Eingangsspannung über eine Schwellspannung steigt oder unter diese fällt.

Typischer Kurvenformen bei dieser Schaltungsart zeigt Abb. 13.15. Die Spannung, die den Ausgang bei *steigender* Eingangsspannung ändert ist U_x und die Änderung bei *fallender* Eingangsspannung erfolgt bei U_y. Die Differenz zwischen U_x und U_y wird Hysterese der Schaltung genannt. In praktischen Schaltungen ist die Hysterese von Vorteil, da bei allen Anwendungen das Eingangssignal überlagerte Störungen besitzt. Bei fehlender Hysterese können Störungen Schwankungen der Eingangsspannung um den Umschaltpegel bewirken, so daß die Ausgangsspannung zwischen *0* und ihrem Maximalwert pendelt. Typische Ausgangskurvenformen zeigt Abb. 13.15(b) und (c).

Eine einfache Triggerschaltung mit 3 Gattern zeigt Abb. 13.16. Die Schwellspannung U_y ist die Spannung, bei der das untere NAND-Gatter leitet und die Spannung U_x ist bei DTL-Gattern etwa 1 V größer und bei CMOS-Gattern ca. 3 bis 4 V größer als U_y.

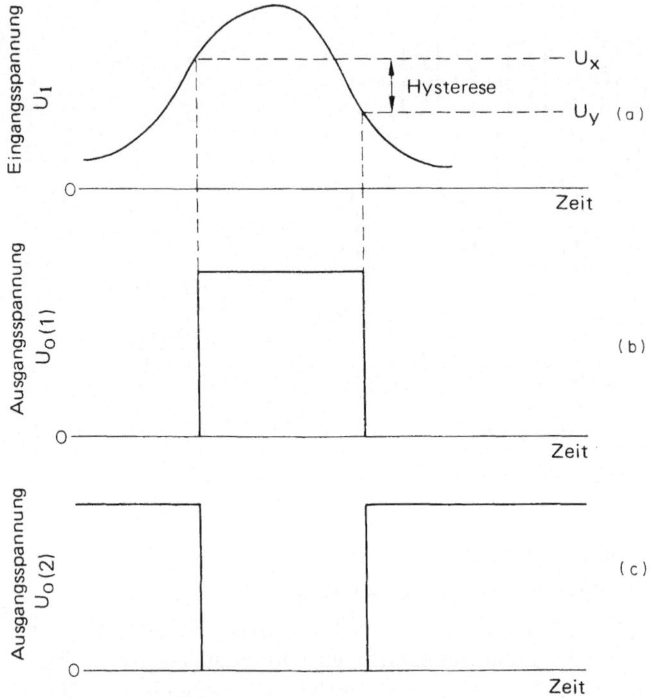

Abb. 13.15. Kurvenformen bei einer spannungsgesteuerten Triggerschaltung

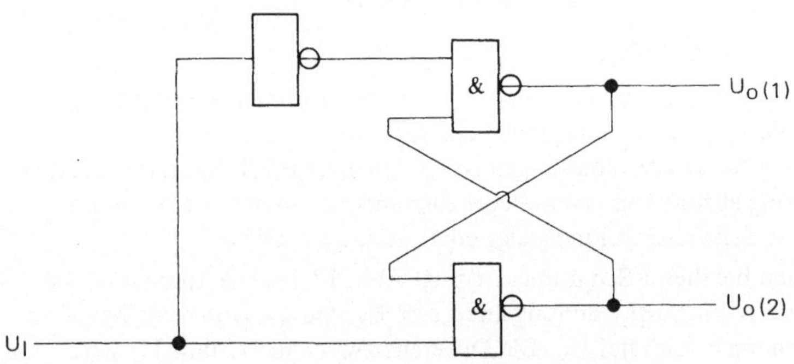

Abb. 13.16. Logisches Blockdiagramm einer Triggerschaltung

Sachwortverzeichnis